Sahumerios

La guía definitiva para la limpieza espiritual, la protección psíquica y la limpieza energética

© Copyright 2024

Todos los derechos reservados. Ninguna parte de este libro puede ser reproducida de ninguna forma sin el permiso escrito del autor. Los revisores pueden citar breves pasajes en las reseñas.

Descargo de responsabilidad: Ninguna parte de esta publicación puede ser reproducida o transmitida de ninguna forma o por ningún medio, mecánico o electrónico, incluyendo fotocopias o grabaciones, o por ningún sistema de almacenamiento y recuperación de información, o transmitida por correo electrónico sin permiso escrito del editor.

Si bien se ha hecho todo lo posible por verificar la información proporcionada en esta publicación, ni el autor ni el editor asumen responsabilidad alguna por los errores, omisiones o interpretaciones contrarias al tema aquí tratado.

Este libro es solo para fines de entretenimiento. Las opiniones expresadas son únicamente las del autor y no deben tomarse como instrucciones u órdenes de expertos. El lector es responsable de sus propias acciones.

La adhesión a todas las leyes y regulaciones aplicables, incluyendo las leyes internacionales, federales, estatales y locales que rigen la concesión de licencias profesionales, las prácticas comerciales, la publicidad y todos los demás aspectos de la realización de negocios en los EE. UU., Canadá, Reino Unido o cualquier otra jurisdicción es responsabilidad exclusiva del comprador o del lector.

Ni el autor ni el editor asumen responsabilidad alguna en nombre del comprador o lector de estos materiales. Cualquier desaire percibido de cualquier individuo u organización es puramente involuntario.

Su regalo gratuito

¡Gracias por descargar este libro! Si desea aprender más acerca de varios temas de espiritualidad, entonces únase a la comunidad de Mari Silva y obtenga el MP3 de meditación guiada para despertar su tercer ojo. Este MP3 de meditación guiada está diseñado para abrir y fortalecer el tercer ojo para que pueda experimentar un estado superior de conciencia.

https://livetolearn.lpages.co/mari-silva-third-eye-meditation-mp3-spanish/

¡O escanee el código QR!

Índice de contenidos

INTRODUCCIÓN 1
CAPÍTULO 1: EL PODER DE LA LIMPIEZA 3
CAPÍTULO 2: IDENTIFICACIÓN DE LA ENERGÍA NEGATIVA 14
CAPÍTULO 3: ANTES DE EMPEZAR 24
CAPÍTULO 4: HIERBAS, RESINAS Y ACEITES 33
CAPÍTULO 5: CÓMO LIMPIAR CON SAHUMERIOS 45
CAPÍTULO 6: ALTERNATIVAS AL SAHUMERIO 57
CAPÍTULO 7: CÓMO CREAR SUS PROPIOS MATERIALES 68
CAPÍTULO 8: MÉTODOS DE PROTECCIÓN PSÍQUICA 77
CAPÍTULO 9: LOS CRISTALES Y LA DEPURACIÓN 89
CAPÍTULO 10: LA CURACIÓN MEDIANTE EL SAHUMERIO 101
CONCLUSIÓN 111
VEA MÁS LIBROS ESCRITOS POR MARI SILVA 113
SU REGALO GRATUITO 114
REFERENCIAS 115
FUENTES DE IMÁGENES 123

Introducción

Cuando alguien menciona "sahumar su casa", ¿qué pensamientos le vienen a la mente? ¿Se siente un poco intimidado? Tal vez suene complicado, sucio o raro. Aunque en los últimos años se ha popularizado, muchas personas siguen sintiéndose abrumadas por la idea de purificar su hogar. Es comprensible que se muestren escépticos o inseguros, pensando que puede implicar mucho humo y extraños rituales religiosos. A algunos incluso les parece un proceso demasiado complejo. A veces, incluso con la intención y el entusiasmo de hacerlo, la gente se rinde ante el primer obstáculo: ¡encontrar un bastoncillo que comprar!

Como con cualquier cosa nueva, es útil comprender los beneficios del proceso que se está considerando. ¿Por qué hay que sahumar la casa? ¿Es realmente necesario? ¿Puede ser sencillo y agradable? ¿Existen formas alternativas de limpiar la energía de su hogar? ¿Y qué hace que la limpieza sea tan especial? Piense en un ritual como el de las citas, por ejemplo. Cuantas más preguntas se haga, antes sabrá si merece la pena invertir en esta relación. La palabra "relación" se utiliza en el sentido de que entrar en el mundo del sahumerio significa, idealmente, entrar en una hermosa conexión a largo plazo. Como en cualquier relación, tendrá que pasar por muchas etapas para llegar a un lugar de profunda intimidad y compromiso.

En este libro, obtendrá la respuesta a todas sus preguntas y aprenderá varias formas de limpiar, incluidas algunas técnicas muy sencillas de las que podrá disfrutar más de una vez al día. La energía de su hogar puede cambiar después de un largo día, trayendo consigo energías ajetreadas, agitadas y, a veces, negativas del exterior. En tales situaciones, una sesión rápida de dos o tres minutos de purificación puede hacer maravillas para calmar y purificar el espacio y limpiar su energía. Lo bueno de la limpieza es que puede ser tan sencilla y rápida como elaborada e intrincada. Una vez que comprenda los conceptos básicos y explore los complementos opcionales, se sentirá más capacitado para crear sus propios rituales que se adapten a su situación.

El sahumerio puede ser una experiencia fácil, centrada, agradable y enraizadora. Sin embargo, notará, por encima de todo, la capacidad de limpiar la energía de su espacio. Cuando haya terminado de leer este libro, se sentirá seguro, capacitado y listo para hacerse cargo de la energía de su hogar (y de su vida) a través del sahumerio. Estará emocionado y entusiasmado por crear un nuevo nivel de energía positiva en su propio espacio.

Capítulo 1: El poder de la limpieza

El sahumerio es una antigua forma de limpieza que se aplica a una persona, un objeto o un espacio mediante el humo de hierbas quemadas. Las hierbas pueden ser cualquiera de las siguientes: Salvia seca, hierba dulce, lavanda, cedro, romero y otras plantas con propiedades beneficiosas. El sahumerio (o limpieza con humo) purifica la energía del objeto o la persona en cuestión. Desde la antigüedad, las diferentes culturas han tenido sus propias tradiciones para hacer esta limpieza. Estas tradiciones solían incluir oraciones, meditaciones u otros rituales. Por ejemplo, en algunas culturas nativas americanas, la hierba dulce se quema

El sahumerio purifica la energía del objeto o la persona en cuestión[1]

durante una elaborada ceremonia destinada a liberar la energía positiva de la planta sagrada en el aire. Sea cual sea el motivo por el que desee limpiar espiritualmente una zona, un objeto o una persona, este capítulo le introducirá en la práctica de la limpieza con sahumerio, explorará sus antecedentes, explicará cómo funciona y analizará sus beneficios.

¿Cómo funciona?

La práctica del sahumerio es relativamente sencilla; solo tiene unos pocos principios fundamentales:

- La práctica se basa en establecer una intención. Por ejemplo, usted tiene la intención de limpiar su espacio de energía negativa o de atraer energía positiva a su hogar.
- Una vez fijada su intención, encienda la hierba y déjela envuelta en llamas hasta que empiece a humear. Hágalo siempre teniendo en cuenta los factores de seguridad. A continuación, esparza el humo alrededor del cuerpo de una persona, un espacio o un objeto con la mano o con una pluma. Si purifica su cuerpo, empiece por los pies y suba hasta la cabeza.
- Si se purifica un espacio o un objeto, las ventanas deben estar abiertas, o se puede realizar el ritual al aire libre.
- Durante la limpieza, imagine la manifestación de su intención, verá que la energía negativa le abandona y que las vibraciones positivas le rodean a usted, al objeto o al espacio en cuestión.
- Una vez que se haya limpiado a sí mismo, el objeto o el espacio, apague la hierba de forma segura y agradézcale su servicio.
- A algunos practicantes les gusta terminar su ritual de limpieza con una oración o mantra final. Puede recitarlo cuando sienta negatividad a su alrededor, cuando la persona u objeto que quería purificar se haya marchado o cuando haya terminado de limpiar un espacio.
- Tanto si realiza la parte de cierre como si no, se recomienda que repita su intención antes de cerrar la ceremonia.
- La ausencia de negatividad y los cambios positivos en la persona, el objeto o el entorno son indicadores de la eficacia de la purificación.

- La frecuencia de la purificación depende de la práctica: Puede repetirla una vez al año, durante las festividades o con la frecuencia que se considere necesaria para alejar la negatividad.

La purificación en distintas culturas

El sahumerio, o quema de hierbas para purificar la energía de un espacio, ha resurgido con fuerza en los últimos años, a medida que más y más gente explora estilos de vida alternativos. Sus orígenes se remontan a antiguas civilizaciones y se asocia desde hace tiempo a las culturas indígenas y nativas americanas. En las culturas nativas americanas, el ritual del sahumerio consiste en utilizar un manojo de salvia, hierba dulce, cedro, tabaco u otras hierbas secas y unidas en un instrumento de purificación de combustión lenta. A veces se colocan hojas o ramas enteras en un recipiente ignífugo y se encienden hasta que empiezan a humear, y el humo se utiliza entonces para limpiar de energía negativa la zona o la persona. Una persona que limpia con humo a una o más personas puede dirigir el ritual en lugar de depender de un practicante habitual. O bien soplan el humo hacia el receptor o el espacio, o bien el receptor inhala el humo. Según las creencias de los nativos americanos, inhalar el humo de las hierbas cura todo el ser de una persona. Cuando las plantas se queman, sus cenizas se devuelven a su origen, normalmente esparciéndolas sobre la tierra desnuda. Se cree que las cenizas absorben la energía negativa, por lo que desecharlas ayuda a deshacerse de esa negatividad. También se utiliza durante la oración o la meditación y para conectar con el mundo de los espíritus.

Los nativos americanos tienen distintas creencias sobre los beneficios de cada hierba utilizada en la purificación. Por ejemplo, alaban la hierba dulce por atraer vibraciones positivas y el cedro por facilitar las bendiciones y limpiar el cuerpo de enfermedades. La salvia, que según ellos puede alejar cualquier forma de negatividad, tiene un origen único. Según una leyenda de los nativos americanos, la hierba salvia apareció por primera vez hace mucho tiempo, cuando un pueblo estaba lleno de negatividad. Todos se sentían mal consigo mismos y con los demás, y todo parecía ir mal para todos. Un día, apareció un joven con un manojo de hierbas en los brazos. Presentó la hierba a los aldeanos como salvia, una planta que puede capacitar a cualquiera para manejar la negatividad. Encendió un fuego, prendió la salvia y enseñó a los aldeanos como hacerse un sahumerio. Los aldeanos empezaron a sentirse bien consigo mismos y a tener éxito en sus proyectos. El joven desapareció, pero los aldeanos se dieron cuenta de que la salvia había empezado a crecer en la zona. Así que empezaron a utilizarla regularmente para purificarse.

Durante siglos, los chamanes han creído que el sahumerio es una forma poderosa de limpiar la energía negativa y crear una sensación de equilibrio y armonía en cualquier espacio. A medida que el humo viaja por el aire, se cree que tiene el poder de limpiar un espacio de energías negativas a la vez que crea sentimientos positivos y eleva las vibraciones. En las tradiciones chamánicas, la purificación implica una oración o ritual, tras el cual el humo se envía a los cuatro puntos cardinales. Además, los distintos practicantes y tribus han diversificado los métodos y técnicas de la limpieza, incluyendo cuándo y cómo se utiliza. Los chamanes utilizan el sahumerio para la adivinación y la limpieza cuando se preparan para un rito o ceremonia. Los practicantes modernos también la utilizan para restablecer el equilibrio emocional, físico y mental, alejar la negatividad y mejorar sus prácticas chamánicas. También impregnan sus herramientas mágicas y espacios sagrados, a menudo antes y después de usarlos, para restablecer el equilibrio. Algunos incluso se limpian con humo a diario para mantener un estado de ser centrado, lo que les permite alcanzar un estado de trance para sus prácticas meditativas.

Los nativos americanos y los chamanes también recomendaban la limpieza con humo cuando alguien había estado en contacto con una persona enferma (física o mentalmente), desequilibrada emocionalmente o afectada por influencias negativas.

Beneficios de la depuración

Como verá en el texto siguiente, la depuración tiene numerosos beneficios para su bienestar físico, mental, espiritual y emocional.

Espiritual

Uno de los beneficios fundamentales de la limpieza con humo es su aspecto espiritual. Esto se debe a la creencia de que, cuando se practica en ceremonias sagradas, la limpieza con humo expulsa toda la energía negativa acumulada y atrae las intenciones positivas de la naturaleza, permitiéndole manifestar sus deseos más fácilmente. No en vano, en muchas culturas nativas e indígenas se utiliza para obtener conciencia espiritual y conexión con el yo superior. Además, al centrarse en cada hierba individual durante su ritual, podrá conectar con sus propiedades medicinales y obtener poderosos agentes curativos para problemas de salud física, emocional y mental. Una vez que llegue a la etapa de curación, tendrá aún más poder para alejar las vibraciones negativas que inducen al estrés.

El sahumerio puede ayudarle a curarse de influencias negativas de traumas pasados, personas malintencionadas de su entorno o malas experiencias en cualquier aspecto de su vida. El sentido del olfato está relacionado con el instinto y la memoria, por lo que el aroma de las hierbas impregnadas puede ayudarle a superar el estrés y los acontecimientos traumáticos. Al inhalar su relajante aroma, las hierbas le ayudarán a disipar el miedo, la ira, la ansiedad, el dolor y los desencadenantes que asocia con traumas pasados.

Restablecer el equilibrio energético tras estos acontecimientos fomenta una actitud positiva para la meditación y los rituales espirituales. No solo eso, sino que ciertas hierbas contienen compuestos bioactivos que, al inhalarse, mejoran la capacidad de fijar intenciones y la percepción. Tanto si lo utiliza para prácticas espirituales como para superarse a sí mismo, eliminar la negatividad de su entorno beneficiará a su bienestar espiritual.

Algunas hierbas están dotadas de capacidades protectoras. Sahumarlas puede ayudarle a protegerse de las fuerzas malignas y los ataques psíquicos durante el trabajo espiritual. Ayudan a ahuyentar los pensamientos negativos provocados por influencias externas y crean un escudo a su alrededor para repeler intrusiones similares en el futuro. Los efectos protectores del sahumerio también pueden ser útiles para tratar con personas difíciles o prepararse para afrontar situaciones especialmente complicadas.

La limpieza aumenta la creatividad en todos los aspectos de la vida. Sea cual sea el problema que intente resolver, purificarse con humo limpiador le ayudará a encontrar soluciones innovadoras. Puede aumentar su productividad inspirándole nuevas ideas. Si es usted un artista que experimenta un bloqueo creativo, las hierbas pueden revelar nuevas vías para que fluya su savia creativa.

Las propiedades limpiadoras y purificadoras de las hierbas que se queman al hacer la limpieza con sahumerio pueden abrir la intuición y animarle a confiar en sus instintos. Si cree que su juicio está nublado y esto bloquea su intuición, la práctica del sahumerio puede permitir que sus sentidos psíquicos internos se revelen. Al familiarizarse con sus dones psíquicos, agudizará su intuición y la mantendrá libre de ideas y creencias prejuiciosas o sesgadas.

Por último, la limpieza es buena para las prácticas espirituales porque fomenta el amor propio. Después de todo, no hay mejor manera de empezar a explorar y trabajar en su espiritualidad que aceptándose a sí mismo. Algunos creen que este beneficio proviene de la capacidad de las hierbas quemadas para abrir y desbloquear los chakras asociados con el amor propio y la aceptación.

Psicológico

Uno de los beneficios más destacados de la limpieza con humo es su capacidad para ayudar a reducir los niveles de estrés y ansiedad. Esto puede lograrse a través de los efectos calmantes de los aromas de las hierbas. La combustión de hierbas como la salvia o el cedro desprende un agradable aroma que favorece la calma y la relajación del cuerpo y la mente.

Algunas hierbas contienen fitoquímicos que estimulan los receptores y neurotransmisores antiexcitatorios del cerebro, lo que alivia eficazmente los síntomas de la ansiedad. Gracias a su capacidad para ahuyentar los sentimientos nocivos, las limpiezas con salvia pueden levantar el ánimo rápidamente. Realizar limpiezas regulares con salvia podría ayudarle a controlar sus síntomas si sufre depresión u otras afecciones relacionadas con el estado de ánimo.

Energético

El sahumerio favorece la claridad, aumenta la sensación de calma y paz, mejora los niveles de energía y fomenta el autoconocimiento. Este beneficio se debe a la capacidad de las hierbas para fomentar la presencia consciente durante los rituales. La influencia energética de las hierbas que se emplean en la depuración permite trabajar activamente con los cinco sentidos. Al potenciar su energía, ciertas hierbas quemadas también pueden fomentar el pensamiento claro y las reacciones rápidas, lo que facilita la captación de señales espirituales a través de los sentidos. Si la mejora de su estado de ánimo no le hace plantearse la posibilidad de probar la limpieza, la posibilidad de mejorar la claridad y la conciencia sin duda lo hará.

Cuando se siente con más energía, su mente es más aguda, lo que le permite pensar de forma más positiva y desarrollar patrones de pensamiento útiles y productivos. Esto demuestra que la energía positiva tiene una frecuencia vibratoria más alta. Además de hacerle sentir bien física, emocional y mentalmente, la limpieza también mejorará su función cognitiva. Esto podría ayudarle a combatir los efectos de enfermedades neurodegenerativas como el Alzheimer y la demencia. La razón radica en el efecto de las hierbas ahumadas sobre las hormonas. Muchas afecciones mentales y neurodegenerativas se desarrollan debido a la fatiga suprarrenal, un estado causado por el desequilibrio hormonal de las glándulas suprarrenales, que se produce durante el estrés. En una línea similar, la pérdida de neuronas de las personas sanas también puede provocar fatiga inducida por el estrés. Como resultado, puede sufrir alteraciones cognitivas, aunque no padezca una enfermedad neurodegenerativa o mental. Esto suele ocurrir debido a afecciones inflamatorias del organismo, que inevitablemente afectan al sistema nervioso. Ya vayan acompañadas de ansiedad, deterioro de las funciones cognitivas o cualquier otro síntoma, las afecciones que afectan a la salud cognitiva y mental pueden hacer que quien las padece sienta que es imposible alcanzar el alivio. El efecto energizante del sahumerio puede ahuyentar estos pensamientos negativos, capacitando a la persona para encontrar soluciones eficaces y, lo que es más importante, aliviar sus síntomas. Las dos hormonas más importantes liberadas por las glándulas suprarrenales, la norepinefrina y la epinefrina, deben estar en equilibrio para conseguirlo. El cortisol, la serotonina y la dopamina, más hormonas responsables del control de los niveles de energía, también se ven afectadas positivamente por el tizón. El humo de ciertas hierbas restablece el momento óptimo para la liberación de estas sustancias químicas.

Ciertas hierbas tienen un efecto beneficioso demostrado sobre su sistema de chakras, la compleja entidad que representa su energía. El sistema de chakras tiene siete puntos de acceso principales, conocidos como chakras. Los chakras son responsables del flujo saludable de energía a través de su cuerpo. Si alguno de ellos está bloqueado o no funciona correctamente, afecta a todo el sistema energético. Las hierbas asociadas a cada uno de los chakras (o a todos ellos) pueden ayudar a limpiarlos. A medida que desbloquea sus centros energéticos, limpia, protege y re-energiza su mente, cuerpo y alma. Por ejemplo, el romero puede abrir su chakra del corazón, permitiéndole desarrollar (auto)compasión y comprensión. Del mismo modo, la misma hierba puede desbloquear el chakra del tercer ojo, el centro energético responsable de la claridad espiritual y la conciencia psíquica.

Físico

Otra forma en que la limpieza puede aumentar su energía es mejorando la calidad de su sueño. Las influencias energéticas negativas a menudo le dejan noches sin dormir. O, incluso si consigue dormir unas horas, se siente más cansado al despertarse que antes de acostarse. El sahumerio antes de dormir puede alejar cualquier energía negativa que impida su sueño, permitiéndole sentirse con energía y productivo durante todo el día siguiente. Le ayudará a conciliar el sueño más rápidamente y le garantizará un sueño ininterrumpido, y si se despierta durante la noche, volverá a dormirse en lugar de estar atormentado por las preocupaciones del día siguiente.

Además de normalizar los patrones de sueño, el humo de la depuración también puede ayudar a mejorar la piel y estimular el funcionamiento de muchos órganos y sistemas orgánicos, como el respiratorio, el gastrointestinal y el circulatorio. Los efectos purificadores del humo hacen que la piel esté expuesta a menos contaminantes, lo que permite que se cure y regenere. Gracias a sus beneficios para estimular el sueño y la energía, el sahumerio hará que su piel luzca radiante y rejuvenecida. Asimismo, el aire puro mejorará su función pulmonar y combatirá los síntomas de afecciones respiratorias crónicas y agudas.

Algunas hierbas tienen propiedades analgésicas, lo que significa que pueden aliviar dolores de cabeza, acidez, dolores musculares y articulares. Los compuestos antiinflamatorios de hierbas como la salvia, el romero y otras acentúan aún más este beneficio.

Algunas hierbas también pueden reforzar la función inmunitaria, ayudándole a prevenir infecciones y a combatir las ya existentes. Fomentan la producción de células inmunitarias y mejoran la función de todas las partes del cuerpo responsables de una inmunidad sana, como la médula ósea, el bazo, el timo, el intestino y la piel.

Además, los efectos calmantes de las hierbas aromáticas pueden reducir la frecuencia cardiaca y la tensión arterial, lo que contribuye positivamente a la salud del corazón. Cuando se siente ansioso o estresado, la inhalación de humo de hierbas regula su patrón respiratorio, lo que le permite llevar más oxígeno a su cuerpo. Esto potencia aún más los efectos curativos de la depuración, ya que el oxígeno es necesario para neutralizar los radicales libres, subproductos del estrés oxidativo y precursores de muchas enfermedades físicas y mentales.

Medio ambiente

También se ha demostrado que la limpieza con humo tiene propiedades antisépticas. En otras palabras, el humo de las hierbas puede purificar eficazmente el aire de cualquier habitación que contenga virus, hongos o bacterias que puedan causar problemas respiratorios comunes o enfermedades como el asma, los resfriados y la gripe. Además de los microorganismos mencionados y sus subproductos, las hierbas utilizadas en la limpieza con humo pueden eliminar posibles alérgenos como el polvo, el polen, las esporas de moho y la caspa de las mascotas, aliviando así los insufribles síntomas de la alergia. Por ello, la limpieza con humo es ideal para desinfectar espacios interiores sin utilizar productos químicos nocivos ni aerosoles.

El aire limpio es conocido por mejorar los niveles de concentración de oxígeno, lo que hace que la atmósfera sea perfecta para estudiar o trabajar en tareas que requieran una concentración intensa y una mayor capacidad de atención. Algunas hierbas, como la salvia, también son conocidas por sus propiedades repelentes de insectos. Admitámoslo, ¿quién no querría aprovechar esto durante el verano, cuando los mosquitos le hacen la vida imposible?

Debido al agradable aroma calmante de las hierbas quemadas, el sahumerio también puede considerarse una forma de aromaterapia. La inhalación de fragancias herbales calmantes fomenta la modulación de los neurotransmisores en el cerebro. Los neurotransmisores son sustancias químicas necesarias para transportar y procesar la información a través del sistema nervioso. En otras palabras, la depuración permite que el sistema nervioso reciba, procese y transmita la información de forma más eficaz.

Otra razón por la que la limpieza con ciertas hierbas purifica el espacio es que el humo neutraliza *los iones positivos* (no confundir con las vibraciones positivas, que también son beneficiosas). Los iones positivos son partículas que inmovilizan la energía, impidiendo que se pueda aprovechar o manipular. La acumulación de iones positivos en el aire se fomenta cuando está enojado o estresado. Primero, el aire cargado positivamente que emana de sus pulmones impregna la energía de la habitación. Entonces, el aire de la habitación se estanca debido a la cantidad predominante de iones positivos. Al cabo de un rato, empieza a sentirse aletargado y parece que no puede abrazar la positividad por mucho que lo intente. Las hierbas utilizadas en la limpieza con humo pueden convertir los iones positivos en negativos, purgando eficazmente la atmósfera de estos últimos.

Los beneficios de la limpieza del espacio que aporta el sahumerio pueden ser muy útiles cuando se muda a un nuevo hogar o cuando la negatividad ha habitado durante mucho tiempo en su casa u oficina. Por ejemplo, si ha tenido una relación abusiva o perturbadora con una persona difícil con la que vivía, y esta se ha mudado de su espacio compartido, limpiar con sahumerio la propiedad podría garantizar que toda la negatividad que invitó a entrar en ella se vaya también.

La limpieza con humo también puede ser una forma eficaz de purificar objetos. Si trabaja con herramientas mágicas o espirituales, limpiarlas con regularidad puede aumentar significativamente su poder y eficacia. Incluso la limpieza de objetos cotidianos tiene efectos beneficiosos sobre la composición energética de su entorno. Esto es especialmente cierto en el caso de los objetos antiguos, que probablemente han acumulado una plétora de energías diferentes a lo largo de su vida. Basta con pasar una varilla encendida sobre ellos para asegurarse de que su aura no puede afectarle negativamente a usted, a su espacio o a los que le rodean.

Otra idea magnífica para limpiar objetos es utilizar humo de hierbas en los regalos que vaya a hacer. Al impregnar sus regalos con un relajante aroma a hierbas, estará transmitiendo sus beneficios a los destinatarios, permitiéndoles llenar su espacio y su persona de positividad.

Consideraciones éticas sobre la práctica del sahumerio

Los practicantes modernos de chamanismo espiritual y de la nueva era suelen alardear de que el sahumerio es una práctica cerrada, indicando que es mejor que la utilicen quienes entienden sus orígenes culturales. Aunque actuar de forma contraria a esto implicaría que la práctica se ha convertido en un ejemplo de apropiación cultural (cuando una cultura toma elementos de otra sin permiso ni comprensión del contexto original), hay mucho más en este tema. No obstante, para utilizar la técnica del "sahumerio" de forma respetuosa, hay que acercarse a esta práctica con mayor sensibilidad, respeto y comprensión.

Cada vez son más los no nativos (incluidas celebridades influyentes) que exhiben el uso de esta práctica para sus propias exploraciones espirituales sin comprender plenamente su historia y significado cultural. La limpieza con humo puede considerarse inapropiada si se realiza sin un respeto cortés por la tradición. Dicho esto, es crucial señalar que no todo el mundo practica la limpieza con humo de esta manera por falta de respeto. Simplemente, ven su beneficio espiritual. Sin embargo, aunque se tengan las mejores intenciones, se puede causar daño si no se respetan debidamente las tradiciones que rodean la práctica. Cuando se practica la purificación, es fundamental dedicar tiempo a investigar su historia y comprender su significado en los contextos originales. Esto ayuda a evitar que la práctica se convierta en apropiación cultural.

La apropiación cultural suele implicar la adopción de símbolos de otras culturas o el intento de hacer pasar prácticas tradicionales por propias. Esto ocurre porque muchas personas aprenden sobre la limpieza a través de libros, programas de televisión y películas no basados en la investigación, en lugar de obtener información de fuentes tradicionales. En consecuencia, no llegan a conocer su significado e implicaciones espirituales.

Otro factor a tener en cuenta es el uso respetuoso de las plantas sagradas y el abastecimiento responsable de materiales. Ambos son fundamentales para promover el uso sostenible y responsable de las hierbas y honrar las tradiciones culturales y espirituales de las comunidades indígenas y nativas americanas. La mejor manera de abastecerse éticamente es utilizar las hierbas que crecen en su zona. Infórmese sobre las plantas que crecen cerca de usted y los beneficios que pueden aportarle para la limpieza espiritual.

Capítulo 2: Identificación de la energía negativa

Como ya se habrá dado cuenta, la limpieza consiste en alejar la energía negativa de un lugar o de un ser vivo y dejar espacio para que entre la energía positiva. Pero antes de poder hacerlo, tiene que estar seguro de que la energía contenida en el objeto es negativa. ¿Cómo puede señalar que alguien o algo está rodeado de energía negativa? Es fácil hacer la identificación una vez que se le coge el truco al proceso. Para facilitar aún más la comprensión de los intrigantes detalles del método, he aquí los fundamentos de la detección y el reconocimiento de la energía en sí.

La limpieza consiste en alejar la energía negativa de un espacio o de un ser vivo y dejar espacio para que entre la energía positiva[2]

¿Qué es la energía?

En física, la energía no es más que una fuerza que puede ejercerse para realizar un trabajo. Pero la misma física también ha dado a la humanidad la relación directa entre materia y energía. ¿Recuerda la famosa ecuación de Albert Einstein, $E=mc^2$ ("E" es energía, y "m" significa masa o materia)? Así pues, la energía no es solo una entidad abstracta e invisible que otorga fuerza a los objetos. Es algo muy real que se puede sentir a nuestro alrededor.

La energía estaba presente antes del nacimiento del universo y seguirá estándolo mucho después de que el mundo desaparezca. En estado bruto, es pura, poderosa y lo abarca todo. No se puede ver ni sentir si no se sabe lo que se busca. Las distintas formas de energía vibran a frecuencias diferentes. Y la forma más importante de energía son los pensamientos. También vibran a frecuencias diferentes.

¿Qué es la vibración y el movimiento de la energía?

La vibración de la energía se rige por la ley de la vibración. Esta afirma que todas las formas de energía vibran constantemente. Ninguna energía está nunca en reposo, porque si lo está, ya no es energía, sino un vacío de la nada, una especie de hueco. La frecuencia de vibración determina el tipo de energía que es.

Las frecuencias que son similares tienden a resonar entre sí, fusionándose para formar un tipo mayor de esa energía. Viajan por el universo y siguen fusionándose con energías que vibran en su misma frecuencia, acumulándose y creciendo sin cesar. Este concepto es más fácil de entender con un cuerpo energético en lugar de un cuerpo físico.

El cuerpo energético y su significado

Un cuerpo energético (también llamado cuerpo astral) no es más que un cuerpo físico visto en forma de energía pura. Es como ver su cuerpo en un espectro diferente, como el infrarrojo. Se dice que su cuerpo energético es alrededor de cinco pulgadas más grande que su cuerpo físico. Está formado por varios centros energéticos (chakras) y canales de energía (meridianos). Los chakras garantizan el funcionamiento saludable del cuerpo físico, mientras que los meridianos se encargan de hacer circular la energía absorbida por todo el cuerpo.

En el cuerpo energético, sus pensamientos son fragmentos visibles de su mente, y puede sentir la frecuencia de su vibración. Cuando piensa en algo por primera vez, se genera un fragmento de ese pensamiento en su cuerpo energético. Su mente envía al universo la frecuencia de las vibraciones de ese pensamiento. Pero para manifestar ese pensamiento en algo real y visible en el sentido físico, necesita establecer una armonía energética.

¿Qué es la armonía energética?

En palabras sencillas, la armonía energética es un equilibrio entre diferentes tipos de energía. Tomemos como ejemplo la armonía musical. Al igual que diferentes notas, tempos, tonos, etc., se tocan en perfecta sincronía para formar una armonía musical, diferentes tipos y frecuencias de energía se unen para dar lugar a una armonía energética.

Esta fantástica música del universo puede ser profundamente relajante o locamente caótica. Todo depende de las teclas que toque para lograr esa armonía. Estas teclas no son más que sus pensamientos. Si toca las teclas correctas (léase: tiene pensamientos positivos), como pensar en animar a sus vecinos o en donar un porcentaje de su sueldo a obras benéficas, las vibraciones generadas resonarán con otras vibraciones similares en el universo, produciendo una armonía energética increíblemente positiva.

Por otro lado, si toca las teclas equivocadas (léase: tiene pensamientos negativos), como sentir celos del éxito de su amigo o planear vengarse de un enemigo, entonces esas vibraciones se fusionarán únicamente con otras vibraciones similares, dando lugar a una cacofonía de armonía energética negativa (léase: caos absoluto).

Así es como se ve y se siente la energía negativa, y es lo que se identificará en este capítulo. Pero antes de llegar al proceso de identificación de esa energía, es importante comprender en profundidad el concepto de energía negativa.

¿Qué es la energía negativa?

En su forma pura, la energía no es ni positiva ni negativa. Simplemente es. Sus pensamientos hacen que la energía se incline hacia los extremos polares. Los malos pensamientos generarán energía negativa en un espacio o en un individuo. Siempre empieza siendo pequeña. En las etapas iniciales, una parte infinitesimal de su entorno se convertirá en energía negativa.

Esta parte atraerá otras energías negativas similares del universo, creciendo en proporción con las múltiples fusiones hasta que finalmente ocupe todo el espacio, expulsando a las energías neutras y positivas. Es entonces cuando entra en escena la limpieza para dejar espacio a la positividad. La energía neutra puede convertirse en negativa a partir de tres posibles fuentes.

1. El yo negativo

¿Tiende a pensar en sus arrepentimientos en lugar de pensar en un futuro prometedor? ¿Los celos le corroen por dentro? ¿Odia a la gente más de lo que siente amor por ella? ¿Su mente suele estar ocupada con pensamientos negativos? Si ha respondido afirmativamente a una sola de estas preguntas, entonces tiene energía negativa en su interior y a su alrededor.

Puede ser simplemente una pequeña mancha oscura en su cuerpo energético o un aura radiante de negatividad. De cualquier manera, sus propios pensamientos oscuros dieron vida a la atmósfera rancia.

2. Personas negativas

No siempre tiene que ser usted quien traiga la energía negativa a su cuerpo energético. No tiene por qué ser inherentemente negativo. La energía que proyectan las personas que le rodean también puede afectar a su aura. Supongamos que deja que la negatividad de su familia, amigos y conocidos influya en sus pensamientos. En ese caso, su energía negativa se fusiona con la de ellos y se expande en su entorno, sin dejar lugar a la positividad.

3. Entornos negativos

Cuando entra en un espacio repleto de energía negativa, hay muchas posibilidades de que esta se filtre en su cuerpo energético positivo/neutral. Sucede que, a veces, cuando entra en una habitación, le invade inmediatamente una sensación de incomodidad. Lo más probable es que se deba a la energía negativa confinada en ella. Puede empezar a afectar a sus pensamientos, generando imágenes sombrías del pasado en su mente.

Un entorno negativo de este tipo puede ser cualquier cosa. Podría ser un lugar en el que ha tenido un mal encuentro en el pasado, como un campo de deportes en el que perdió contra el rival. O podría ser un espacio que asocies con sucesos negativos, como un depósito de cadáveres.

En esencia, la energía negativa no es más que un conjunto de malos pensamientos. Cuanto mayor sea el número de malos pensamientos confinados en un espacio, más energía negativa contendrá. Y, a menudo, no es fácilmente reconocible hasta que es demasiado tarde, cuando la negatividad consume por completo su alma. Puede compararse con el cáncer, curable cuando se detecta en las primeras fases, pero mortal si se diagnostica tarde.

Pero no hay por qué preocuparse. Aquí aprenderá todo lo que hay que saber para identificar la energía negativa en sus formas más simples e infinitesimales, de modo que pueda detectarla a tiempo y limpiar el lugar antes de que la negatividad se extienda sin control.

Cómo identificar la energía negativa

Ahora que sabe qué es la energía negativa y cómo se ve y se siente, identificarla no será un gran problema. Puede que al principio le resulte difícil, pero una vez que se acostumbre al proceso, se convertirá en algo natural para usted. Es como aprender a montar en bicicleta. Puede que al principio se caiga unas cuantas veces, pero al final lo hará bien. Solo tiene que estar atento a las señales.

¿En qué hay que fijarse para identificar la energía negativa?

La línea entre lo correcto y lo incorrecto, lo bueno y lo malo, lo positivo y lo negativo, a veces es borrosa. Puede pasar por alto algo que comúnmente se considera incorrecto, pero que puede ser bueno para usted. Estas cosas aparentemente buenas pueden acabar desembocando en algo decididamente malo, como una broma inocente que sale mal. Por lo tanto, es mejor evitar las zonas grises y centrarse en la negatividad definitiva mientras se identifica la energía negativa. Esto es lo que puede buscar.

- Problemas de salud incesantes en usted y en las personas que le rodean.
- Discusiones repetidas y malas vibraciones entre dos o más individuos.

- Problemas laborales irresolubles que se siguen acumulando.
- Falta general de éxito.
- Una sensación general de letargo.
- Pérdida de conciencia frecuente y a horas intempestivas.
- Una sensación constante de malestar y/o ansiedad.
- Falta de sueño continúa, al menos durante una semana.
- Sucesos inusuales en el lugar que no pueden explicarse racionalmente.

Como puede ver, el único punto que no es intrínsecamente negativo es el último. Esos sucesos inusuales también pueden conducir a algo bueno. Pero siempre es mejor prevenir que curar. Y, de todos modos, la purificación solo elimina la energía negativa de un lugar y mantiene la positividad. Por lo tanto, si los sucesos racionalmente inexplicables conducen a algo positivo, su origen no se eliminará mediante los sahumerios.

Puede identificar la energía negativa utilizando uno o los tres medios: Las personas, usted mismo o el entorno. Haga las siguientes preguntas para determinar la presencia de energía negativa.

- **Identificación a través de las personas**

    ¿Existe una sensación general de animosidad entre las personas? ¿Están a menudo nerviosas? ¿Se producen discusiones a raíz del más mínimo desacuerdo? ¿Están a menudo enfermos de gripe? ¿Alguien sufre casi siempre algún problema de salud cada segundo de cada día? ¿Nadie ha tenido éxito en sus empresas a pesar de trabajar duro? ¿Nadie parece reunir las fuerzas para trabajar duro?

- **Identificación a través de sí mismo**

    Esta es probablemente la forma más fácil de identificar la energía negativa. Al fin y al cabo, usted se conoce mejor a sí mismo que a los demás. ¿A menudo tiende a perder la concentración en la tarea que está realizando? ¿Su mente se queda en blanco durante largos periodos (estado cero de pensamiento)? ¿Tiende a pensar más en cosas negativas que en cosas positivas? ¿Sufre a menudo diversos tipos de problemas de salud, uno tras otro, como fiebre una semana seguida de estreñimiento la siguiente, y así sucesivamente? ¿Sufre el mismo problema de salud durante mucho más tiempo de lo habitual?

¿Su mente está ocupada con pensamientos positivos o negativos mientras intenta dormir? ¿Es usted a menudo tan crítico con algo que tiende a perder de vista sus virtudes? ¿Se queja por las cosas más insignificantes? ¿Piensa y analiza demasiado sus errores en lugar de centrarse en las partes buenas o en las soluciones?

- **Identificación a través del entorno**

Se trata más de un método comparativo que de un medio de identificación en sí mismo. Simplemente, hágase las preguntas anteriores en diferentes entornos. Por ejemplo, ¿está su mente ocupada con pensamientos negativos en casa? Entonces vaya a casa de su amigo y compruebe si esos pensamientos negativos siguen rondándole. Si no lo hacen, entonces es probable que la energía negativa exista en su casa. Pero si sí le persiguen, entonces hay una alta probabilidad de que la energía negativa esté dentro de usted.

Por otro lado, ¿se encuentran sus compañeros en un estado constante de agitación en su lugar de trabajo? ¿Pero parecen felices y contentos cuando sales de copas? Entonces la energía negativa está presente en su lugar de trabajo. Sin embargo, si sus compañeros siguen agitados durante la salida nocturna, entonces es probable que la energía negativa esté presente en el grupo.

Otra forma de determinar la existencia de energía negativa en el ambiente es dejarse llevar por los instintos. ¿Se siente incómodo de repente al entrar en una habitación? ¿Se le pone la piel de gallina cuando visita un lugar desconocido?

Es cierto que estas preguntas suelen ser difíciles de responder si acaba de iniciar su viaje de identificación, sobre todo las últimas. Es posible que al principio no reconozca correctamente la energía negativa, por lo que es. Pero debe saber que se trata de un proceso de ensayo y error. No pasa nada si sigue fallando al principio, pero en cuanto pueda identificar correctamente la presencia de energía negativa, raramente volverá a fallar.

Hay otra forma más fácil de identificar la energía negativa, y es analizando las emociones. La energía negativa produce emociones negativas. Por lo tanto, debe estar atento a la frecuencia de las siguientes emociones en usted o en otras personas de su entorno.

- **Enfado**

    ¿Las pequeñas cosas le enfadan a usted o a los demás? Digamos que se está preparando para ir a trabajar y su hermano pequeño ha extraviado su camisa favorita. ¿Su primer instinto es arremeter contra él en lugar de preguntarle tranquilamente?

- **Irritación**

    ¿Se irrita a menudo por las cosas más insignificantes? Por ejemplo, está intentando terminar su trabajo. De repente, alguien entra en su cubículo sin llamar. ¿Le molesta?

- **Depresión**

    Hoy en día, la depresión se ha convertido en una de las emociones negativas más frecuentes en el mundo, hasta el punto de que se considera una enfermedad. ¿Siente desesperanza absoluta? ¿Se ha apoderado de su corazón la tristeza? En una ocasión feliz, ¿se encuentra pensativo en un rincón?

- **Miedo**

    A veces, está bien sentir miedo, como sienten los aracnofóbicos cuando ven una araña, o cuando se presencia/experimenta algo horrible, o si se ve una película de terror. Pero si siente miedo casi todo el tiempo, puede ser el resultado de una energía negativa.

- **Ansiedad**

    La ansiedad y el miedo suelen ir de la mano. Cuando está ansioso por emprender una tarea, probablemente teme estropearla. ¿Le produce ansiedad algo tan sencillo como levantarse de la cama y empezar el día? ¿Se pone nervioso a menudo al hacer pequeñas cosas, como hablar con sus vecinos o ver las noticias?

- **Culpabilidad**

    Se siente culpable cuando hace algo que va en contra de su código moral. Y eso suele ser bueno porque mantiene su comportamiento bajo control. Pero cuando empieza a darle vueltas a esa culpa, tanto que le abruma, probablemente se deba a una energía negativa.

- **Envidia**

   Los sentimientos de envidia son bastante comunes entre los seres humanos. Si alguien se apropia de lo que es suyo, con razón o sin ella, es normal sentir un poco de envidia. Pero si esa emoción le consume, dará lugar a otras emociones negativas. Y acabará por rodearse de energía negativa.

- **Desprecio**

   Hay una línea muy fina que separa el orgullo del desprecio. ¿Se siente orgulloso de sus logros? Bien. ¿Pero despreciar a quienes no pueden lograr lo que usted hizo? Eso es desprecio, y es definitivamente una emoción negativa. Puede que esté impregnado de energía negativa si a menudo siente desprecio hacia los demás.

- **Odio**

   Dicen que sin odio no puede haber amor. Pero esto no significa que deba dejar que el odio gobierne o dicte sus acciones. ¿Tiende a odiar a la gente sin ton ni son? ¿Su primer instinto después de conocer a alguien nuevo es odiarlo? ¿Incluso las buenas acciones de sus semejantes generan odio en su corazón?

Estas son las emociones más comunes que puede utilizar fácilmente para identificar la energía negativa. Muchas otras emociones implican la presencia de energía negativa, como la vergüenza, la miseria, la soledad, el asco, etc., pero la gente no suele expresarlas. Incluso es posible que usted no se dé cuenta de su soledad a menos que alguien se lo indique.

En qué NO fijarse al identificar la energía negativa

Ahora que conoce las señales para identificar la energía negativa, es hora de aprender qué debe evitar teniendo en cuenta ese conocimiento. En raras ocasiones, es fácil confundir algo positivo con energía negativa. En otras ocasiones, es aún más fácil culpar a la energía negativa cuando está experimentando las consecuencias directas de sus acciones.

- **Negatividad pasajera**

 ¿Es la primera vez en mucho tiempo que se enfada con alguien? ¿Llevan sus colegas discutiendo solo un rato? ¿Sus problemas de salud no han durado más de uno o dos días? Puede que no sean casos de energía negativa. Cuando los problemas se enconan y siguen acumulándose durante varios días, solo entonces podrían ser motivo de preocupación.

- **Acciones equivocadas por razones correctas**

 Cuando observe que alguien muestra una emoción negativa, intente averiguar por qué se siente así. Puede ser que una persona esté enfadada porque ha visto que se ha cometido alguna injusticia. Puede que se sienta ansiosa porque quiere terminar la tarea a la perfección. Sus acciones o emociones pueden ser negativas, pero si sus razones para hacerlas/exhibirlas son positivas, entonces puede evitar la energía negativa.

- **Subjetivamente negativo**

 ¿Es realmente algo negativo lo que está observando, o es solo una instancia negativa para usted? Por ejemplo, comer carne. Puede que sea un vegano que cree firmemente que lo que está mal en el mundo son los no vegetarianos. Sin embargo, la mayor parte de la población mundial (más del 80%) consume carne y productos animales; por tanto, comer carne no es un rasgo negativo en el gran esquema de las cosas.

Para resumir las técnicas de identificación de la energía negativa, debe conocer siempre las señales que debe buscar y evitar. La energía negativa se genera a través de aflicciones, pensamientos, emociones o sucesos negativos. Puede señalar la presencia de energía negativa a través de tres medios diferentes, a saber, usted mismo, las personas que le rodean y su entorno. Recuerde que las emociones son la mejor forma y la más fácil de identificar la energía negativa en un lugar o en una persona.

Capítulo 3: Antes de empezar

Aunque el ritual de la purificación consiste en unos sencillos pasos y solo requiere unos pocos materiales, la eficacia de la técnica depende de algunos preparativos previos. Además de encontrar y organizar un espacio sagrado para llevar a cabo el proceso de purificación, también debe aclarar su mente, conectarse a tierra y establecer las intenciones en su espacio especial. Esto puede incluir la creación de un altar o simplemente preparar el espacio para la purificación con los suministros necesarios.

Crear un espacio sagrado es una parte esencial del proceso que no debe omitirse si desea que el proceso sea eficaz. Establecer las intenciones para la ceremonia también es un paso crucial, ya que ayuda a crear una atmósfera cargada de espiritualidad. Una vez hecho esto, se pronuncian las respectivas invocaciones y comienza el proceso de purificación.

Sin embargo, antes de conocer ese proceso, debe saber cómo preparar su espacio y *cuándo* realizar esta técnica. Este capítulo incluirá una guía sobre el trabajo preliminar necesario para los rituales de purificación, seguida de instrucciones sobre cuándo practicar estos rituales.

Creación de un altar

La purificación es un proceso profundamente espiritual y, como cualquier otro proceso divino, requiere un espacio sagrado donde pueda llevarse a cabo. Aquí es donde entra en juego un altar, que, en esencia, es un espacio destinado a honrar a los espíritus, el universo y otros seres divinos. Es un lugar donde se hacen ofrendas al mundo de los espíritus y se expresa gratitud por las bendiciones recibidas. Si tiene alguna experiencia con otras prácticas esotéricas, sabrá el significado que se suele dar a los altares.

Un altar es un espacio designado para honrar a los espíritus, al universo y a otros seres divinos[3]

Por otro lado, si acaba de iniciar su viaje espiritual, la idea de crear un altar puede parecer intimidante al principio. Sin embargo, es un proceso creativo que le ayuda a expresar su alma interior. De hecho, en un nivel subconsciente, cada vez que coloca hermosas piezas en su repisa, centro de mesa o estante, está creando esencialmente un altar. En este sentido, ya está creando pequeños altares en su hogar cada vez que agrupa objetos que ama.

Su altar puede ser genérico o específico para la intención de su ritual. Por ejemplo, si su intención es atraer una mejor salud o dar la bienvenida al amor, su altar debe estar decorado teniendo esto en cuenta. Puede que piense que los altares son solo espacios decorativos, pero son mucho más. Necesitan un movimiento energético regular y cuidados, así que cuando cree un altar, se convertirá en su responsabilidad cuidarlo a diario. La clave para crear los altares más llenos de energía es ser específico y consciente a la hora de configurarlo. Por ejemplo, si está creando un altar para la protección espiritual, debe decorarlo con cristales y otras herramientas espirituales asociadas a la protección y establecer las intenciones en consecuencia. Como resultado, su espacio sagrado desarrollará el poder necesario para completar sus objetivos.

Lo mejor de crear un altar es que no hay reglas específicas. Su altar es un espacio sagrado que le pertenece y debe ser una expresión de sus intenciones y energía. Esto significa que cuanto más empoderado esté mientras crea su altar, más poder se imbuirá en él. Si es un principiante absoluto, puede seguir una serie de pautas para que el proceso le resulte más fácil. Estos son algunos pasos que debería tener en cuenta:

1. El área

Elija el área y la superficie del altar en un lugar donde no le molesten. No tiene por qué ser un espacio designado específicamente para el altar y puede ser tan sencillo como la mesilla de noche o el alféizar de la ventana. Incluso puede utilizar el espacio extra de su estantería como altar para la limpieza o crear uno en la repisa de la chimenea. Por supuesto, esto no significa que no pueda crear un espacio separado con una mesa preparada solo para este fin. Sea cual sea el lugar en el que decida instalar este escenario, debe tener en cuenta que la purificación produce humo que necesita un lugar por el que escapar. La habitación debe tener ventanas y puertas que permitan una buena ventilación. Recuerde mantenerlas abiertas cuando esté realizando el ritual de limpieza.

2. El tema

Si tiene una intención particular para la que necesita realizar el proceso de sahumar, lo mejor es diseñar su altar de acuerdo con ese tema. Por ejemplo, puede necesitar más claridad en la vida o desear más energía o vitalidad. Puede que quiera expresar o atraer el amor y crear relaciones poderosas o practicar la gratitud por las bendiciones de su vida. Sea cual sea el caso, puede crear un altar diseñado específicamente con esa intención en mente. Los temas de altar más comunes son el amor, la gratitud y la conexión.

3. **Herramientas espirituales**

Cuando realice la purificación, descubrirá que el espacio estará rodeado de mucha energía espiritual. Puede utilizar potenciadores de energía y otras herramientas espirituales para contener y mejorar esta energía cerca del altar. Por ejemplo, puede utilizar un trozo de tela o una bandeja como base de la energía. Sobre ella, puede colocar velas, cristales, flores, imágenes específicas, esculturas y cualquier objeto especial que encuentre en la naturaleza, como conchas marinas, piedras, etc. También querrá designar un espacio en su altar para guardar sus herramientas de purificación.

Debe haber un espacio bello y tranquilo donde pueda colocar su palo de sahumerio o palo santo entre las sesiones de sahumerio. En este altar también se pueden colocar otras herramientas para la purificación. Por ejemplo, abanicos, plumas, conchas de abulón, etc. Cuando estas herramientas se guardan en el altar, se mantienen seguras y organizadas y acumulan el poder de su entorno. Los cristales suelen ser la opción más popular para montar un altar, ya que le ayudan a aprovechar la energía de sus herramientas para hacer vudú. Más información sobre los cristales en un capítulo posterior.

Establecer las intenciones

Todos los tipos de rituales de purificación siguen casi el mismo orden, que comienza con el establecimiento de las intenciones del proceso. Después de la intención, se invoca la energía espiritual y, a continuación, se lleva a cabo el proceso de limpieza. Establecer las intenciones para un proceso de purificación es uno de los pasos más esenciales. Sin una intención, todo tipo de energías son atraídas hacia su espacio, lo que usted quiere evitar a toda costa. Establecer intenciones no tiene por qué ser un proceso supercomplicado, en el que utilice numerosas herramientas o solo hable en tonos confusos y lenguaje florido. Puede ser tan simple como encender una vela y decir la intención que tiene para el proceso, como: *"Mi intención para este ritual es deshacerme de toda la energía negativa de mi dormitorio"*. Si conoce alguna oración o mantras, también puede utilizarlos para establecer las intenciones del ritual.

Tener una idea clara de su intención y expresarla al principio del ritual de sahumerio es el primer paso del proceso y no debe descuidarse. Es un acto fortalecedor de confianza, concentración y entrega. Así que, tómese unos momentos antes de cualquier ritual para aclarar su intención. Deje que el universo sepa qué energías quiere atraer a su vida.

Juntar las provisiones

El proceso de sahumar y purificar su energía es sorprendentemente sencillo. De hecho, solo necesita un bastoncillo, una vela, una pastilla de carbón y dos cuencos medianos (uno de ellos debe utilizarse para recoger las cenizas ardientes que caen del bastoncillo, mientras que el otro debe contener el bastoncillo una vez que haya terminado el ritual). Ambos deben ser ignífugos; en este caso, utilice cuencos de cerámica en lugar de plástico. Una vez completado el proceso, puede llenar el segundo cuenco con arena para que el bastoncillo se apague automáticamente. Si no tiene acceso a arena, puede utilizar sal en su lugar. Sin embargo, intente evitar el uso de agua para apagar las llamas porque esto puede crear un tipo de energía áspera. Los materiales para la purificación deben guardarse en el altar que haya creado.

También puede añadir un abanico o una pluma a su material si desea darle más valor al proceso. Esto es especialmente útil si utiliza manojos de salvia en vez de la ramita entera. Hay varios abanicos preciosos disponibles en tiendas y en internet; hacerlos usted mismo es aún mejor.

Se puede practicar el sahumerio en casa con salvia, palo santo u otras hierbas de dos maneras. El método tradicional utiliza un bastoncillo, mientras que la técnica menos utilizada quema hojas sueltas en un cuenco ignífugo. Si no tiene mucha experiencia en rituales de purificación, lo mejor es utilizar un palo o una rama de salvia en lugar de quemar hojas sueltas. Se trata de un proceso relativamente sencillo y no requiere habilidades especiales. Solo tendrá que preocuparse de las cenizas que caigan del palo y del riesgo de provocar un incendio. Sin embargo, este problema puede remediarse fácilmente colocando un cuenco bajo el bastoncillo mientras hace la limpieza. Aun así, si se siente nervioso por el proceso, debería empezar utilizando solo unas pocas ramas en lugar de todo el palo para el proceso. Esto le ayudará a tener más confianza mientras desarrolla sus habilidades para limpiar. Para obtener las ramas, basta con desenrollar un bastoncillo y utilizar algunas de sus ramas para sahumar su espacio.

La segunda opción requiere un poco más de trabajo que la tradicional, así que es mejor que empiece por la más fácil y vaya avanzando poco a poco. Para esta opción, necesitará un recipiente ignífugo para quemar las hierbas sueltas dentro del cuenco. Aunque algunas personas prefieren utilizar conchas de abulón para este fin, no es recomendable, ya que no son totalmente ignífugas. En su lugar, puede utilizar esas conchas para exponer las hojas de salvia en su altar y utilizar un simple cuenco de cerámica para quemarlas. También puede utilizar conchas de abulón para recoger las cenizas que caen de las hojas ardiendo durante el sahumerio. Coloque un poco de arena en la base de su recipiente ignífugo, seguida de una pastilla de carbón y, a continuación, coloque las hojas. Al igual que los palos de sahumerio, las mezclas de hojas sueltas también contienen varias hierbas, como lavanda, salvia blanca, cedro, pétalos de rosa, enebro y otras hierbas. Puede adquirir un paquete de hierbas ya preparado o hacerlo usted mismo.

Cuándo hacer una limpieza

Aunque no hay restricciones sobre cuándo y dónde se puede realizar un ritual de limpieza, ciertos momentos son más adecuados que otros, dependiendo de la intención. Si nunca ha realizado este ritual, ahora es un buen momento para empezar, ya que probablemente su casa haya acumulado una gran cantidad de energía negativa a lo largo de los años. Aunque crea que vive en la casa más armoniosa, con las interacciones más positivas entre su familia, la energía humana crea una cantidad significativa de residuos energéticos, similar a cómo se acumula el polvo en su casa a diario.

Sahumar el ambiente con regularidad es un buen hábito, igual que beber una taza de té por la mañana o realizar su rutina de ejercicios. Cuando se prepara un té cada mañana, realiza los movimientos del proceso y se toma un momento para conectar consigo mismo. Esto se convierte en un ritual apreciado que es incomparable con cualquier otra actividad. Las sensaciones de calma y tranquilidad tienen más que ver con el ritmo del ritual que con el té en sí, y ocurre exactamente lo mismo cuando establece otro ritual.

Una vez que haya desarrollado la capacidad intuitiva de ser consciente de la energía que le rodea, sabrá exactamente cuándo necesita realizar el proceso de limpieza. La necesidad de limpieza espiritual puede ser el resultado de varias cosas. Por ejemplo, un conflicto familiar o algunos objetos que ha traído recientemente a casa, etc.

Situaciones de la vida que la purificación puede mejorar

Cuando su familia tiene problemas, es probable que su espacio se contamine con emociones y energías negativas. Este es el mejor momento para hacer un ritual de purificación. Automáticamente, se dará cuenta de las energías negativas que plagan su casa cuando se entere de este tipo de acontecimientos recientes. La limpieza en momentos como este ayuda a limpiar la energía después de una discusión y elimina la tensión entre los miembros de la familia. También puede practicar el sahumerio si usted o uno de los miembros de su familia está pasando por un momento difícil en su vida personal, en el trabajo o en la escuela, o si se enfrenta a algún desafío emocional. Esta práctica puede ayudarle a lidiar con emociones pesadas como la ansiedad, la depresión, la tristeza, el miedo y la fatiga mental.

Las energías bajas, estancadas y negativas que se acumulan en un espacio pueden dificultar la respiración y empeorar las cosas. Por eso la limpieza es esencial, no solo una práctica de vudú espiritual. La limpieza que lleva a cabo este ritual sagrado le ayuda a despejar el camino hacia una conexión más profunda y clara con su yo interior y con las personas que le rodean. Piénselo así. Vivir en una casa llena de energía negativa es como intentar contemplar un hermoso jardín a través de unas ventanas sucias. No puede ver nada con claridad, aunque las bonitas flores estén justo fuera. Para ver toda la belleza del jardín, tendría que limpiar las ventanas sucias. Del mismo modo, cuando se dejan desatendidas, las energías negativas pueden acumularse en las partes más profundas de su vida y, en última instancia, distorsionar su visión. Todo el mundo está profundamente conectado por la energía de su hogar, este es el lugar donde pasa la mayor parte de su tiempo, y por lo tanto, su aura está interconectada con la energía de su hogar. Cuando limpia y limpia la energía que le rodea, está haciendo lo mismo con la energía de su interior. Así que, ya sea que practique una versión simple o complicada de un ritual de limpieza, le ayudará a mantener la energía de su hogar protegida y pura.

Situaciones difíciles y eventos que requerirían limpiar su casa incluyen:

- Una gran pelea
- Abuso verbal o físico
- Tener invitados groseros
- La muerte de un familiar
- Problemas financieros
- Un accidente
- Problemas de pareja
- Enfermedades

Siempre que atraviese un momento difícil en su vida, la limpieza puede ayudarle a eliminar la negatividad y proporcionarle el apoyo necesario para superar la situación con facilidad. Piénselo de este modo. No limpiar su casa de energías negativas es como desayunar en platos sin lavar. ¿Comería usted algo servido en un plato sucio? La mayoría de los hogares están llenos hasta el borde de energía negativa no deseada, como la mugre de estos platos sucios, lo que hace muy difícil que la gente sea feliz y esté sana en estos hogares tan tóxicos.

Muchas personas hacen hincapié en la importancia de desordenar una casa para crear un espacio armonioso, pero rara vez hablan de la limpieza energética de los residuos negativos y las huellas que quedan en el hogar. De hecho, si siente que en su casa hay un desorden cada vez mayor que resulta imposible de eliminar, intente hacer un ritual de limpieza con sahumerio y notará una diferencia notable en el flujo energético de su hogar, lo que le facilitará la tarea de eliminar el desorden. El sahumerio también puede ayudar en los momentos más brillantes, como cuando empieza una nueva relación, inicia un nuevo proyecto o se muda a una nueva casa. En estos casos, el sahumerio crea un ambiente lleno de energía positiva, que atrae todas las cosas buenas a su vida.

Los mejores momentos del día para hacer la limpieza

En cuanto a los ciclos energéticos, un día tiene los mismos cuatro ciclos que todo el año. Se mueve de la profundidad de la noche (invierno) a la mañana (primavera), al mediodía (verano) y, finalmente, al atardecer (otoño). Este ciclo es la razón por la que muchas personas prefieren realizar sus rituales de purificación por la mañana temprano.

Hay algo tan calmante y vigorizante en la práctica de la limpieza matutina que hace que el día comience con una nota muy positiva. El mejor momento para practicar la depuración matutina es entre las 5 y las 7 de la mañana, durante la cual puede abrir los canales de energía del universo y atraer energía positiva a su vida. Este hábito de la limpieza es similar a la limpieza durante el equinoccio de primavera. Además, la práctica matutina le ayuda a centrar su energía y le hace sentirse más tranquilo. Le abre a las posibilidades del día y le prepara para recibir todo tipo de energías positivas.

Otro buen momento para practicar la limpieza durante el día es entre las 11 de la mañana y la 1 de la tarde. Se dice que es la energía más potente del día, al igual que el solsticio de verano es el mejor momento para los rituales espirituales. También puede aumentar la eficacia de sus rituales de purificación incorporando la energía de los ciclos estacionales y lunares. Trabajar en armonía con los ritmos naturales del mundo añade un impulso energético a sus sesiones de purificación. Sin embargo, debe tener en cuenta que no es necesario tener en cuenta estos ciclos en sus rutinas diarias o semanales. El uso de los ciclos estacionales y lunares es especialmente útil para rituales de limpieza más amplios, cuando se tiene una intención específica en mente.

Para determinar el mejor momento para su ritual, empiece por definir claramente su intención. ¿Quiere liberarse de la energía negativa o quiere atraer energía positiva a su vida? Todos los rituales de purificación implican eliminar la negatividad y dar la bienvenida a la energía positiva. Sin embargo, tener una intención bien definida para un ritual de purificación específico ayudará a dirigir la energía de la forma más beneficiosa. Alinear el momento de la limpieza con su intención dará a su ritual un impulso adicional.

En este capítulo se han tratado los preparativos esenciales necesarios antes de iniciar el proceso de purificación. Antes de embarcarse en esta práctica ancestral, es crucial asegurarse de que se realizan los preparativos adecuados para crear un entorno armonioso y sagrado. Al realizar estos preparativos, podrá honrar las antiguas tradiciones de la técnica y crear un espacio sagrado para el crecimiento espiritual y la sanación. El sahumerio es una herramienta poderosa para limpiar las energías negativas, restaurar el equilibrio e invitar a las vibraciones positivas a sus vidas.

Capítulo 4: Hierbas, resinas y aceites

La variedad de hierbas, aceites y resinas que se utilizan para hacer sahumerio parece ilimitada, con hierbas que van desde las más comunes, como la salvia, la lavanda y el enebro, hasta las menos populares, como la madera de cedro, la verbena y el romero. La elección de los productos depende de distintas influencias, pero sobre todo de lo que haya disponible en su zona. Puede optar por utilizar una sola hierba o crear una varita de olor con una combinación de diferentes hierbas. Aquí es donde su intuición le guiará, y algunas directrices le darán el marco básico para la selección de los productos a utilizar en un ritual de sahumerios. Este capítulo trata sobre la selección de hierbas, resinas y aceites para distintos tipos de rutinas de limpieza. También incluirá una guía paso a paso para utilizar resinas, aceites esenciales y otros productos para practicar un ritual de limpieza.

Elección de las hierbas

Aunque no hay reglas específicas a la hora de hacer combinaciones de hierbas para la limpieza, debe saber que las que se consideraban las cuatro medicinas sagradas en las tradiciones de los nativos americanos, el tabaco, el cedro, la salvia blanca y la hierba dulce, nunca se mezclan. Aparte de esta regla, no hay limitaciones. A continuación se enumeran las hierbas más populares, junto con sus propiedades específicas. Su elección dependerá principalmente de estas propiedades y de cómo se alineen con sus intenciones.

1. Cedro

El cedro es uno de los árboles más antiguos del planeta; como tal, es potente, lleno de energía espiritual y majestuoso. Esta hierba se ha asociado con la protección y la limpieza y se ha utilizado para hacer sahumerios y otros procesos de purificación espiritual en muchas tribus nativas americanas. El cedro se considera una poderosa hierba curativa y un espíritu guardián que protege su hogar.

El cedro [4]

2. Enebro

El enebro es una hierba antigua con fuertes propiedades de protección y bendición [5]

Tan antiguo como el cedro, el enebro es una hierba ancestral con fuertes propiedades de protección y bendición. Muchas tribus lo han utilizado para rituales de protección y para atraer abundancia y bendiciones al hogar. La energía de sahumerio del enebro también puede calmar y purificar su espacio y trae energía positiva a un espacio de otro modo cargado negativamente.

3. Lavanda

La lavanda se ha utilizado en rituales de purificación durante mucho tiempo. Como ya sabrá, la lavanda tiene propiedades calmantes y se utiliza en muchos remedios naturales a base de hierbas. Sin embargo, ¿sabía que también es una hierba muy popular para hacer un sahumerio, ya que proporciona una sensación de calma y claridad? Ayuda a aliviar el estrés y **proporciona** a su espacio una energía dulce y nutritiva. También se prefiere quemar lavanda como ritual posterior a la limpieza para formar un último escudo protector alrededor de su espacio.

La lavanda tiene propiedades calmantes y se utiliza en muchos remedios naturales a base de hierbas[6]

4. Pino

El pino tiene un efecto más profundo en las personas que el propio espacio. Puede ayudarle a profundizar su respiración y hacer que su cabeza se sienta más clara y concentrada. Le ayuda a relajarse y a centrarse. Esta hierba se utiliza para ayudar a traer el perdón durante situaciones difíciles.

El pino ayuda a profundizar la respiración y hace que la cabeza se sienta más clara y concentrada[7]

5. Salvia

La salvia es la hierba más popular para los rituales de purificación. Cuando escucha la palabra purificación, la primera hierba que le viene a la mente es la salvia o salvia blanca. Esta hierba aporta claridad, paz y protección. También se puede utilizar para invocar las bendiciones del universo divino. Además de la salvia blanca, existen otras variedades, como la salvia negra, la salvia púrpura y la salvia azul. De hecho, hay casi 300 variedades de salvia. Sin embargo, no todas se utilizan comúnmente para fines de sahumar.

La salvia ayuda a aportar claridad, tranquilidad y protección[8]

6. Hierba dulce

La hierba dulce, otra hierba popular utilizada durante siglos, proporciona todo tipo de beneficios. Su aroma a vainilla evoca una sensación de confianza, claridad y paz. Se asemeja a una presencia dulce, nutritiva y suave, a menudo asociada con la energía maternal. Los nativos lo llaman el cabello de la Madre Tierra. Tradicionalmente, los bastoncillos de hierba dulce se crean trenzando tres hebras de esta hierba, cada una de las cuales representa la bondad, el amor y la honestidad.

7. Rosa

Los pétalos de rosa se suelen utilizar en combinación con la lavanda para crear bastoncillos de sahumerio bellamente perfumados. Los pétalos de rosa añaden un toque de energía elegante y atraen el amor, la curación y la armonía. También se pueden combinar con romero, tomillo y salvia silvestre.

8. Romero

Según las antiguas tradiciones, el romero tiene el poder de proteger su espacio de la negatividad a la vez que lo limpia. Dado que es una hierba muy energizante, se suele combinar con salvia y otras hierbas para obtener los mejores resultados.

9. Tomillo

El tomillo se utiliza frecuentemente junto con el romero para purificar y salvaguardar. También aumenta la vitalidad, el coraje y la confianza, a la vez que calma la energía de la tristeza.

Aunque la mayoría de las combinaciones funcionan bien, debe hacer caso a su intuición a la hora de hacer combinaciones de sahumerios. Aunque se le anima a hacer combinaciones de hierbas, se sugiere que no utilice demasiadas hierbas en una sola combinación, ya que eso puede mezclar sus propiedades.

Quemar resina sagrada

La quema de resinas es otro ritual antiguo, muy similar a la limpieza, o incluso más poderoso. Las resinas sagradas se obtienen de árboles curativos, siendo los más populares el copal, el incienso y la mirra. Cada una de ellas tiene propiedades únicas y, al mismo tiempo, proporcionan casi los mismos beneficios. El incienso tiene propiedades protectoras, limpiadoras y elevadoras, la mirra se utiliza para despejar la confusión y alinear a una persona con la dulzura de su corazón, y el copal se utiliza para despejar la mente, eliminar cualquier bloqueo energético y atraer energía positiva a su vida.

Estas tres resinas tienen en común su capacidad para limpiar y proteger, lo que abre el camino a la energía positiva. Tanto si quiere atraer el amor, la abundancia, la paz interior o una mejor salud, estas resinas pueden utilizarse para proporcionar las mismas propiedades que las hierbas quemantes. Estas resinas suelen combinarse para obtener una solución más potente, y a veces se añaden otras hierbas a la mezcla. Como con todas las hierbas, aceites y resinas, es esencial fijar la intención antes del proceso.

Aunque la resina es la mejor opción si no le gusta el olor de las hierbas quemadas, también requiere un poco más de trabajo. Debe dedicar algo de tiempo y esfuerzo a reunir los suministros necesarios. Debería intentarlo, especialmente si nunca lo ha hecho antes, porque la fragancia de la resina quemada es maravillosa. Se dice que el aroma le conecta con las antiguas raíces de este universo y hace aflorar profundos sentimientos emocionales. Para muchos, el proceso es increíblemente enraizante y, al mismo tiempo, profundamente místico. Estos son los materiales que necesitará para quemar resinas sagradas:

- Un cuenco resistente al fuego y al calor
- Un poco de arena para colocar en el cuenco
- Carbón para incienso
- Un par de pinzas
- Su elección de resina sagrada
- Una vela

Estos son los seis pasos para quemar resina sagrada:

1. Reúna sus suministros y guárdelos en un lugar al alcance de la mano. Asegúrese de que estén sobre una superficie plana para evitar el desorden. Su altar sería un buen lugar para empezar.
2. Llene el recipiente ignífugo con arena como lo haría con un ritual de sahumerios regular.
3. Encienda la vela y sostenga el carbón encima de la llama utilizando las pinzas.
4. Manténgalo ahí hasta que se encienda o adquiera un color rojizo. Una vez que esto suceda, coloque el carbón encima de la arena

en el cuenco ignífugo.

5. Asegúrese de que el carbón se calienta uniformemente y debería cambiar de color. Si no lo hace, intente calentar los bordes antes de colocarlo dentro del cuenco.
6. Una vez que el carbón forme una capa de ceniza gris al colocarlo sobre la arena, sabrá que está listo para quemar resina.
7. Por último, coloque una pequeña cantidad de resina sobre el carbón caliente y disfrute de su fragancia.
8. Puede seguir añadiendo pequeñas cantidades de resina después de que se derrita

Si es principiante en esto de sahumar con resina, o incluso en el ritual habitual de limpiar, es mejor que no mueva demasiado el cuenco en sus primeros intentos. Simplemente, colóquelo sobre una superficie plana donde no haya riesgo de que se caiga. Cuando se haya acostumbrado al ritual, puede probar a moverlo por la habitación y de una habitación a otra. No obstante, coloque el recipiente ignífugo encima de una bandeja pequeña para mantenerlo estable.

No utilice conchas de abulón en lugar de cuencos ignífugos, por muy estético o ritual que parezca. La concha no es ignífuga y se estropeará. Puede optar por incensarios. Hay una amplia gama de incensarios en el mercado, desde los enormes que se ven en iglesias y templos hasta los más pequeños que se usan en los hogares de todo el mundo.

Es posible que al principio le cueste un poco quemar la resina. Por ejemplo, es posible que el carbón no se encienda fácilmente o de manera uniforme. Sin embargo, con un poco de ensayo y error, le cogerá el truco al proceso, por complicado que pueda parecer al principio.

Limpieza líquida

La limpieza líquida es la forma más sencilla de limpiar sin tener que seguir demasiados pasos. Aunque los efectos de este tipo de purificación no son los mismos que los de los rituales tradicionales, ya que carece del elemento fuego, estará creando un cambio significativo en la energía de su hogar cuando practique la purificación líquida. El proceso consiste en utilizar una mezcla de aceites esenciales en agua pura, siendo la combinación más popular la de palo santo y salvia blanca. También encontrará en el mercado otras mezclas que contienen diversos aceites esenciales, o incluso puede hacerlas usted mismo. A diferencia de la técnica tradicional, encontrará varias opciones de aceites y mezclas líquidas, ya que esta opción es cada vez más popular, y la mayoría de la gente opta por esta alternativa de bajo esfuerzo.

Lo mejor de esta técnica es su portabilidad; puede llevarla a cualquier parte sin preocuparse por la seguridad contra incendios. Además, es un proceso rápido en comparación con la limpieza habitual y no genera humo. Por lo tanto, puede utilizarlo incluso en su lugar de trabajo, coche o habitación de hotel. Aunque no quiera pasarse por completo a la limpieza líquida, puede optar por él de vez en cuando mientras viaja o para una solución rápida. No tiene que elegir una sola opción y puede escoger varias técnicas de sahumerios para incorporarlas a su rutina, ya sean rituales tradicionales, líquidos o de otro tipo.

Incienso natural

El arte de hacer incienso es una antigua artesanía que se ha llevado a cabo con fines espirituales en todo el mundo. Estas poderosas soluciones se crean siguiendo complejas recetas y fórmulas para diversos rituales espirituales originarios del antiguo Egipto, Nepal, India, Tíbet y Japón. Dado que esta práctica se ha hecho muy popular en nuestros días, se venden muchos productos de incienso de baja calidad. Sin embargo, estos productos pueden crearse fácilmente siguiendo una potente receta de ingredientes naturales. En el mercado existen diversos productos de incienso, desde finas varillas de diferentes longitudes hasta pequeños conos, ladrillos rectangulares, bobinas de incienso e incluso pequeñas cuerdas retorcidas. Hay incluso una gran variedad de porta-inciensos de todas las formas, tamaños, colores y materiales.

Si ha tenido alguna experiencia con la quema de incienso, probablemente esté familiarizado con lo frustrantes que son esos finos porta-inciensos. Una vez que las varillas de incienso han terminado de arder, la ceniza queda esparcida por todas partes, creando un desastre. Aunque puede optar por los incensarios anchos, también puede probar otra técnica más espiritual de quemar incienso. Puede crear la base del incensario con algún material alimenticio, como arroz o grano, y colocar las varillas de incienso dentro de este montón. Este proceso no solo ayuda a limpiar espiritualmente su espacio, sino que la comida también actúa como una ofrenda al universo. Una vez que el incienso haya terminado de arder, puede mezclar sus cenizas con los granos o el arroz y colocar uno nuevo en su lugar. De este modo, también puede utilizar varias varillas de incienso simultáneamente para obtener un efecto más purificador. Si quiere elegir el mejor incienso, lo mejor es comprarlo en persona en lugar de pedirlo por Internet. Tendrá una experiencia directa con las fragancias de cada producto y encontrará el más adecuado para usted.

Aceites esenciales

El uso de aceites esenciales para rituales de limpieza es uno de los favoritos de muchos, sobre todo desde que existen tantas variedades y difusores. Los difusores ultrasónicos están de moda hoy en día. Utilizan una niebla fría para difundir los aceites esenciales en el aire, por lo que el aroma es comparativamente más fuerte que el de muchos otros difusores de velas. Pero quizá lo mejor de todo es que apenas requieren esfuerzo por su parte. Todo lo que tiene que hacer es llenar el difusor con agua fría y los aceites esenciales de su elección y seleccionar la función y los tiempos. Esta es la forma más sencilla de dinamizar su espacio y poner energía positiva en el ambiente a través de los aceites esenciales. Al igual que la limpieza líquida, este proceso no requiere que queme nada y, por lo tanto, carece del elemento del fuego. Por lo tanto, aunque no se puede comparar con los rituales tradicionales de purificación, es algo que se puede hacer a diario.

La limpieza se produce a un nivel más sutil, pero tiene un efecto considerable sobre la energía negativa del entorno, por no mencionar la ventaja añadida de que el espacio huele de maravilla. Estos son algunos de los aceites esenciales más utilizados para la limpieza energética. Puede utilizar una combinación de estos aceites o simplemente uno cada vez, según le convenga. Recuerde que es posible que no reaccione positivamente a las hierbas utilizadas en cada uno de estos aceites esenciales. Por lo tanto, debe leer las advertencias sanitarias que acompañan a estos productos.

- **Aceite de abeto balsámico**

    Este aceite esencial puro tiene numerosos usos, desde aliviar la tensión muscular hasta combatir las infecciones y purificar la energía de cualquier espacio. Tiene un aroma refrescante y estimulante y ayuda a equilibrar la energía que le rodea. Al utilizar este aceite esencial, sentirá que su respiración se vuelve más profunda y empezará a conectar con su sabiduría interior.

- **Aceite de cedro**

  El aroma amaderado del aceite de madera de cedro es incomparable con cualquier otro y puede utilizarse para limpiar la energía de cualquier vibración negativa. Puede utilizarlo para impregnar su espacio de energía protectora y pacífica. La madera de cedro se considera un símbolo de abundancia y sabiduría.

- **Aceite de ciprés**

  Además de tener numerosos beneficios medicinales, el aceite de ciprés también es una opción popular para los rituales de sahumerio debido a su fragancia clara y energizante. Se dice que es una solución holística para la curación de la mente y el cuerpo. Ayuda a aliviar la ansiedad, el estrés y otros problemas mentales. Cuando lo use para limpiar su espacio, este se llenará de calma y vitalidad.

- **Aceite de eucalipto**

  Otro aceite esencial popular principalmente por sus beneficios medicinales, incluyendo propiedades antibacterianas, antivirales, antiinflamatorias y antimicrobianas, el aceite de eucalipto, es un ingrediente frecuentemente utilizado para los rituales de limpieza. Ayuda a rejuvenecer su energía, a mejorar su memoria y a reducir la tensión en su espacio, dando como resultado un ambiente claro y limpio.

- **Aceite de incienso**

  El incienso procede de la resina de los árboles Boswellia carteri recogidos en la naturaleza. Sus propiedades embellecedoras y purificadoras han sido veneradas durante siglos. El incienso proporciona una energía reconfortante y vigorizante que eleva el ambiente de cualquier zona y crea una profunda sensación de bienestar. Se cree que mejora la memoria, alivia la inflamación y favorece un sueño reparador si se utiliza de forma constante.

- **Aceite de enebro**

  El enebro es famoso por sus propiedades desintoxicantes e inmunitarias. Además de su capacidad para eliminar la negatividad y purificar el aire circundante, el enebro es muy calmante y ayuda a dormir mejor. La esencia del aceite de enebro facilita la disipación de la energía negativa, proporcionando un entorno sereno y protegido.

- **Aceite esencial de lavanda**

   Sin duda, la lavanda destaca no solo como el aceite más popular, sino también como uno de los más versátiles. Sus notables propiedades limpiadoras, purificadoras, calmantes y suavizantes armonizan con sus capacidades revitalizantes y energizantes. La lavanda, una hierba adaptógena, se adapta a su nivel de energía, proporcionando lo que se necesita para restablecer el equilibrio, ya sea que requiera activación o paz. Para los que se inician en el uso de aceites esenciales, la lavanda es sin duda la opción ideal al principio.

- **Aceite de palo santo**

   El palo santo encarna la dualidad única de ser edificante y a la vez enraizante. Su poder excepcional reside en su capacidad para limpiar y purificar, transformando las energías bajas y negativas de un espacio o del campo energético de una persona. Además, el palo santo imparte un aura de paz suave y tranquila. Se emplea con frecuencia en ceremonias para facilitar que los participantes alcancen estados profundos de meditación y fomenten una profunda conexión con el universo.

- **Aceite de menta**

   El aceite de menta tiene la extraordinaria capacidad de aliviar rápidamente la tensión del cuerpo y del entorno. Sus propiedades purificadoras y vigorizantes refrescan el aire, despejan la mente, infunden energía revitalizante al espacio y evocan una sensación de renovación y optimismo. Al crear mezclas de aceites esenciales, el aceite de menta resulta ser una de las mejores adiciones, ya que armoniza a la perfección y potencia los efectos de la mayoría de los aceites purificadores del aire

- **Aceite de pino**

   El aceite de pino tiene un aroma fresco y estimulante, acompañado de una energía calmante y estimulante. No solo posee propiedades antiinflamatorias, sino que también ayuda a aliviar los dolores de cabeza y purifica el aire eliminando los agentes patógenos. El uso de aceite de pino puede transmutar eficazmente la energía negativa, creando una renovada sensación de esperanza y rejuvenecimiento.

- **Aceite de romero**

    El romero es un aceite esencial revitalizante que destaca por sus propiedades purificantes y energizantes. Ayuda a aliviar el estrés, mejora la claridad mental y fortalece el sistema inmunológico. Como miembro de la misma familia que la lavanda y la salvia, el romero comparte su notable capacidad para despejar la energía negativa e infundir una profunda sensación de paz.

- **Aceite de salvia blanca**

    La salvia blanca es famosa por sus propiedades revitalizantes y purificadoras y por su capacidad para limpiar la energía negativa. Su aroma terroso tiene un efecto calmante sobre la mente y puede aliviar los miedos y la ansiedad. Además, la salvia blanca posee cualidades antibacterianas que ayudan a combatir las infecciones. A lo largo de la historia, la salvia blanca ha sido muy utilizada por sus profundos beneficios energéticos y curativos.

Antes de iniciar rituales de purificación con hierbas, aceites esenciales y resinas, tenga en cuenta algunas advertencias sobre la seguridad contra incendios y posibles alergias. Cuando trabaje con llamas abiertas, tenga cuidado y asegúrese de tener un recipiente ignífugo para recoger las cenizas o brasas. Preste atención a su entorno y mantenga los objetos inflamables alejados de cualquier peligro. Además, recuerde que ciertas hierbas y productos botánicos pueden provocar reacciones alérgicas en algunas personas. Si tiene alergias o sensibilidades conocidas, es aconsejable que realice una prueba de parche o consulte a un profesional sanitario antes de utilizar hierbas o aceites esenciales específicos.

Capítulo 5: Cómo limpiar con sahumerios

Sahumar su casa, sus objetos y a usted mismo con hierbas elevará las vibraciones del objeto que se está limpiando[9]

Ahora que ya se ha familiarizado con el trasfondo y los principios básicos de la purificación, puede examinar los pasos fundamentales y la estructura de un ritual de purificación. Este capítulo proporciona las directrices generales a seguir. Sin embargo, cada persona utilizará una técnica diferente. También recibirá consejos e instrucciones para realizar un baño de humo completo y técnicas para sahumar objetos.

Pasos básicos para sahumar

Sahumar su casa, sus objetos y usted mismo con hierbas elevará las vibraciones del objeto que se está limpiando. A continuación se presentan los pasos básicos para la limpieza

1. Establecer una intención

Aunque se recomienda establecer una intención durante la fase preparatoria, no es demasiado tarde para hacerlo como primer paso del ritual de limpieza propiamente dicho. Puede hacerlo en silencio o en voz alta y de forma tan sencilla o elaborada como desee. Siéntase libre de ser tan creativo con su intención como desee. Las razones para realizar este ritual pueden variar desde el deseo de limpiar la energía negativa hasta la invitación a la positividad y las bendiciones, desde la conexión con el yo superior o la naturaleza hasta el deseo de disfrutar de la esencia beneficiosa de las hierbas en el aire. Una vez que haya establecido su intención, intente mantenerla durante todo el ritual.

Si tiene problemas para centrarse en su intención, intente utilizar un punto focal para mejorar su concentración. Por ejemplo, algunos practicantes encuentran beneficioso mirar el humo para mantener la concentración, un elemento fundamental durante el trabajo espiritual. Otros visualizan su intención. Para ello, tómese unos instantes para cerrar los ojos y ver cómo todas las energías negativas de su espacio, su yo o su objeto se liberan a través de las ventanas y puertas abiertas. O imagine que la luz blanca o dorada entra en el aire fresco y llena cada rincón de su espacio con su paz.

Crear un mantra es otra forma de canalizar su intención e invitar vibraciones positivas a su hogar. Cree un mantra sencillo que pueda repetirse a sí mismo, como: *"Este espacio/objeto/persona está lleno de calma y luz"*, o *"que desaparezca de aquí toda negatividad"*.

2. Invocar a los guías espirituales, las cuatro direcciones o el ser superior

Invocar la ayuda espiritual es fundamental para los rituales de purga, especialmente cuando se hace la purga para la protección psíquica y la limpieza energética. Elija a quien desea invocar y con qué propósito, ofrezca una oración o afirmación de gratitud, o pida protección contra las energías negativas. También puede encender una vela y concentrarse en invitar a sus guías espirituales a su espacio, luego apagar la llama para señalar la finalización de esta etapa de limpieza. Lo mismo se aplica cuando quiere entrar en contacto con su yo superior. Determine por qué desea buscar información para su entidad espiritual interior y pídale que se revele.

He aquí un ejemplo de oración que puede utilizar para invocar a los guías espirituales:

"Mientras enciendo esta hierba sagrada, les pido que se unan a mí,

Para limpiar este (espacio/objeto/persona/yo) y protegerlo de intrusiones.

Les pido que me ayuden a sanar y a encontrar fuerza y paz.

Mientras arden las hierbas sagradas."

Según los practicantes nativos, los cuatro puntos cardinales tienen un significado único en la purificación. En consecuencia, es fundamental invocarlos adecuadamente antes del ritual. He aquí un resumen de lo que representan las cuatro direcciones:

- **Este:** Se asocia con la nueva luz del día, que surge cuando el sol se eleva por encima del horizonte por la mañana. Se cree que el este ayuda a manifestar nuevos comienzos y oportunidades de crecimiento y a canalizar la sabiduría.

- **Sur:** Cuando el sol alcanza su punto máximo, emite la mayor parte de su calor. El sur también puede representar la tierra, la fase más productiva del año o una etapa de la vida de alguien.

- **Oeste:** Atribuido a la madurez, el oeste es donde se pone el sol. Al ocultarse bajo el horizonte, el sol señala el final del día. Del mismo modo, esta dirección puede señalar el final de un viaje o de un proceso.

- **Norte:** Relacionado con la orientación y la sabiduría, el norte es una de las direcciones por excelencia. Abarcando los otros tres elementos, el norte representa las pruebas y tribulaciones que uno experimenta a lo largo de su vida.

Puede utilizar diferentes métodos para honrar a los cuatro elementos, incluida la siguiente oración:

"Invoco a los espíritus de esta hierba para alejar la negatividad de mi entorno, visible o invisible.

Invoco al espíritu del este, que trae el aire, para que me conceda paz y me inspire durante este ritual.

Invoco al espíritu del sur, que trae el fuego, para que me dé poder y me proteja.

Invoco al espíritu del oeste, que trae el agua para limpiar y purificar el objeto del ritual.

Invoco al espíritu del norte, que trae la tierra, para que me ayude a enraizar y reforzar mi intención.

Les pido a todos que me cuiden desde arriba mientras hago este trabajo.

Pido a la naturaleza que me proteja desde abajo hasta que desaparezca toda negatividad.

¡Gracias, elementos y naturaleza!".

3. Limpieza

La limpieza se refiere al acto de sahumarse uno mismo, el espacio o el objeto que necesita ser purgado de negatividad, agitando la varilla alrededor del área u objeto. Utilizar una pluma o un abanico ayuda a dirigir el humo según sea necesario. También puede utilizar las manos para mover el humo. Sin embargo, antes de llegar a esto, debe encender las hierbas. Si utiliza una varilla para sahumerios, sostenga un extremo sobre la llama hasta que se encienda. Apaga suavemente la llama. Tus plantas deberían brillar con un centelleo de luz naranja y emanar un chorro constante de humo. Comience a dirigir el humo alrededor del objeto que está limpiando su espacio, usted mismo o cualquier elemento que desee purgar de energías negativas.

4. Moverse con atención

Al hacer la limpieza con humo, es esencial moverse con atención e intención. No se preocupe: no hay una forma correcta o incorrecta de limpiar con humo su propiedad o su persona. Se trata de ser consciente de las energías. Al purgar un espacio, empiece por la entrada principal y vaya avanzando hacia las esquinas. Si purifica toda su casa, tómese su tiempo con los lugares que utiliza a menudo, así como las esquinas de las habitaciones. La energía de baja vibración suele esconderse en zonas inaccesibles. Al limpiarse o limpiar un objeto, muévase lentamente, preste atención a cada detalle y dedique más tiempo a las zonas que se sientan cargadas de negatividad.

Moverse con atención y conciencia es también una oportunidad de hacer esta práctica más personal. Solo usted sabe lo que le ayuda a concentrarse y permite que fluya su energía. Cada persona se acercará a la limpieza de forma diferente porque tiene una personalidad distinta. En consecuencia, cada persona necesita formas diferentes de atención plena. Si intenta trabajar de forma consciente de una determinada manera y no funciona, encuentre otra cosa que sí le permita despejar la mente y trabajar de forma eficiente.

5. Cerrar el ritual con bendiciones

Para concluir un ritual de limpieza de un espacio, sahumé alrededor de las cuatro esquinas del espacio y, a continuación, selle las puertas con una oración, un mantra u otra herramienta (como sal o cristales) para mantener alejada cualquier energía negativa y proteger su espacio sagrado. También puede rodear el objeto o la persona que está limpiando, moviéndose en el sentido de las agujas del reloj, o imaginar que se forma un escudo en la misma dirección si se está limpiando a sí mismo. Exprese su gratitud a los elementos, a los guías espirituales y a la naturaleza antes de apagar la varita.

Tómese el tiempo que necesite para agradecer todo lo que tiene y las bendiciones que recibirá en el futuro. Agradezca la energía renovada que ahora reside en usted, en sus herramientas, en su espacio o en otra persona. Mientras reflexiona sobre su ritual, agradezca que la energía negativa ya no esté bloqueando el flujo de positividad y aproveche las oportunidades que esto le ofrece. Cuando esté listo, respire hondo y deje que su mente se llene de sus pensamientos normales mientras vuelve lentamente a sus actividades cotidianas.

Bonificación: Técnicas y consejos para tomar baños de humo y sahumar objetos

Limpiar objetos, espacios y personas puede ser una forma fantástica de recuperar la energía que contienen. El sahumerio puede protegerle de cualquier vibración negativa acumulada en ellos debido a sus interacciones con energías negativas. Puede combinar la limpieza con humo con otros métodos de aumento o intercambio de energía, como oraciones, afirmaciones, sonidos, aceites esenciales, sahumar con hierbas o incienso, visualización o cánticos. A continuación encontrará instrucciones paso a paso y consejos para limpiar cualquier objeto, espacio o persona.

Ritual del sahumerio para objetos o espacios grandes

La limpieza de objetos o bienes más voluminosos requiere más energía. La receta de este ritual incluye múltiples hierbas secas, dependiendo de sus necesidades, usted puede elegir si desea utilizar todas o solo algunas de ellas.

Ingredientes:

- Albahaca
- Conos de pino
- Clavo de olor
- Lavanda
- Romero
- Enebro
- Hierba dulce
- Cedro
- Palo santo
- Salvia de jardín
- Salvia blanca

Instrucciones:

1. Después de abrir las ventanas, limpie físicamente el objeto o espacio. Asegúrese de que está libre de residuos y polvo antes de pasar a la limpieza con humo.

2. Seleccione una intención (preferiblemente en forma de oración o afirmación) que resuene con sus objetivos y recítela en voz alta mientras se concentra en el objeto que está limpiando. Por ejemplo, puede decir algo como:

   "Purgo este objeto de toda la energía que no pertenece aquí".

   "Quiero llenar este espacio/objeto de energía positiva y tranquilizadora".

   "Limpio este espacio/objeto de energía negativa para dejar entrar amor y luz".

3. Ate las hierbas en un manojo y enciéndalas por un extremo hasta que desprendan humo. Invoque a un ayudante espiritual que desee canalizar y reconozca las cuatro direcciones.

4. Sahúme un objeto moviéndolo sobre el humo en el sentido de las agujas del reloj. A medida que limpie alrededor del objeto, céntrese en liberar cualquier energía negativa que pueda haber quedado atrás e invitar a la paz y el amor.
5. Cuando limpie un espacio, haga circular suavemente el humo con la mano y, a continuación, muévase en el sentido de las agujas del reloj alrededor de la habitación para limpiar la zona deseada mientras repite la intención.
6. Visualice el objeto/espacio rodeado de luz blanca, que simboliza el renovado campo de energía ahora lleno de positividad y lo protege de malas energías.
7. Esto también es opcional, pero puede cantar sus mantras o palabras de poder que sean significativas para usted mientras se concentra en el objeto/espacio. Esto ayudará a elevar su vibración e invitar a la energía positiva en su hogar. O puede seguir concentrándose en su intención, haga lo que sea que le ayude a manifestarla más eficientemente.
8. Por último, agradezca a la fuente espiritual con la que trabajó para ayudarle a limpiar este objeto o espacio y establezca un propósito claro para su uso futuro.

Ritual del sahumerio para objetos pequeños

Si su práctica implica interacciones regulares con influencias negativas, un ritual de destierro para limpiar sus herramientas es imprescindible. O, si acaba de comprar un objeto antiguo y no está seguro de su origen, la limpieza con humo evitará que contamine su espacio con energías potencialmente perturbadoras. El siguiente ritual debe realizarse siempre que sienta que un objeto ha acumulado bajas vibraciones.

Ingredientes:
- Salvia blanca
- Una vela
- Incienso de su elección
- Un plato de cerámica para el incienso
- Aceite esencial de hierba dulce

Instrucciones:

1. Después de abrir las ventanas, encienda una vela blanca, levante el objeto y diga:

   "Destierro toda la negatividad de este objeto. Ya no es bienvenido aquí".

2. A continuación, trace un círculo alrededor de la vela con los dedos, moviéndose en el sentido de las agujas del reloj. Del mismo modo, queme la salvia, moviéndose en el sentido de las agujas del reloj alrededor del objeto mientras piensa en las vibraciones positivas que quiere que lo rodeen y en lo que piensa hacer con el objeto reenergizado.

3. Mientras lo hace, visualice que se forma una barrera protectora alrededor del objeto. Por último, sople la vela y diga:

   "Negatividad, en este instante te libero de este objeto. Eres libre de irte".

4. Ponga la salvia en un plato, colóquelo en el centro de su espacio de trabajo y déjelo arder. Limpiará su espacio y le protegerá de las energías no deseadas que liberó del objeto.

5. Puede canalizar vibraciones positivas hacia el objeto ahora que ha liberado la energía negativa. La hierba dulce puede atraer energía positiva, por lo que aplicar de 10 a 20 gotas de aceite esencial de hierba dulce en un difusor debería funcionar. Para obtener efectos óptimos, haga esto cada vez que haga una limpieza.

Baño de humo para mejorar el flujo de energía

Este baño de humo está diseñado para impulsar el flujo de energía a través de todo su sistema de chakras. Al tomarlo, su espacio y sus pertenencias se limpiarán de energías negativas, y su salud física, mental y espiritual se restaurará.

Ingredientes:

- Hierbas o bastoncillo para sahumerios de su elección (por ejemplo, salvia, palo santo o hierba dulce).
- Una concha de abulón (o, como alternativa, un cuenco de arcilla)
- Cerillas
- Una pluma (opcional si no quiere usar la mano)

Instrucciones:

1. Para empezar, cree un entorno relajante. La paz y la tranquilidad le ayudarán a concentrarse. Esto se puede conseguir con aceites esenciales como el de lavanda o manzanilla, atenuando las luces, poniendo música suave, quemando incienso o cualquier otra medida que ayude a crear una atmósfera tranquilizadora.
2. Piense en el resultado que desea manifestar. Sea conciso y honesto al formular la intención, ya que es el elemento más crítico del ritual. También determinará qué otras herramientas necesitas para apoyar su propósito y trabajar con eficacia.
3. Abra las ventanas y mantenga humeante su palo de sahumerio o su manojo de hierbas.
4. A continuación, respire profundamente para relajar el cuerpo y la mente. Comenzará por limpiarse a sí mismo, antes de pasar a los objetos y a su entorno. Esto requiere una concentración intensa.
5. Utilice una pluma o la palma de la mano para esparcir el humo por todo el cuerpo, desde la parte superior de la cabeza hasta los pies.
6. Preste atención a su respiración: Manténgala lenta y constante. Si lo desea, puede permanecer conectado a su respiración visualizando su intención.
7. Al inspirar, imagine que toda la energía negativa entra en su cuerpo, dejándole relajado y fresco. Mientras exhala, imagine que libera toda esta negatividad lejos de usted. Continúe haciendo esto hasta que se encuentre en un estado completamente relajado.
8. Ahora es el momento de abrirse y liberar toda la energía estancada en su interior. Para ello, recite la siguiente afirmación:

    "Estoy abriendo mi mente, cuerpo y alma y liberando toda la energía estancada en su interior".
9. Visualice una poderosa luz que irradia desde el centro de su pecho, expandiendo y purgando lentamente su campo energético. Haga esto hasta que sienta que está libre de cualquier negatividad.
10. El siguiente paso es reforzar su esfuerzo de purificación con afirmaciones positivas u oraciones. También puede utilizar

vibraciones sonoras para fomentar una limpieza adicional y equilibrar los campos energéticos durante la limpieza. Utilice herramientas que se alineen con su frecuencia vibratoria y obligue a disipar cualquier energía estancada.

11. A continuación, empiece a caminar lentamente y lleve el humo a cada lugar que desee limpiar. Una vez más, mueva el humo por la zona con la mano o con una pluma. Concéntrese en los lugares donde la energía podría escapar o esconderse, como ventanas, puertas, pasillos, muebles o plantas. Utilice el principio del paso anterior para limpiar objetos y herramientas.

12. Al observar el humo, puede notar que cambia de dirección o de comportamiento cuando toca ciertas cosas. Esto podría indicar que debe prestar más atención a estos objetos o zonas.

13. Intente no respirar el humo, ni llenar todo su espacio de humo. Recuerde, está haciendo un baño de humo, no fumigando su propiedad.

14. Selle los puntos de entrada energéticos una vez que esté listo para concluir el ritual de limpieza. Puede hacerlo respirando profundamente y visualizando una poderosa luz que irradia desde el centro de su pecho, encogiéndose lentamente hasta que toda su energía esté completamente contenida en su interior. Mientras lo hace, diga:

    "La entrada está cerrada para la negatividad, y todo y todos están protegidos".

15. Afirmar los resultados del baño de humo le ayudará a mantener alejadas de usted las energías negativas para que pueda permanecer en un estado abierto a las energías positivas.

Qué hacer si se apaga el sahumerio

Evite que el sahumerio se apague durante el ritual. Vigílelo y sople suavemente en cuanto note que ya no brilla y que el humo disminuye de intensidad. No es el fin del mundo si se apaga; tenga las cerillas a mano para volver a encender las hierbas si es necesario. Algunas hierbas son más difíciles de encender y se apagan más fácilmente. Es normal, tendrá que prestarle más atención.

Otra forma de evitar que se apague el bastoncillo es mantenerlo inclinado mientras lo utiliza. Si tiene que volver a encender las hierbas, asegúrese de que todo el extremo del bastoncillo permanece envuelto en la llama durante al menos 20 segundos.

Una vez concluido el ritual, apague las llamas presionándolas contra un recipiente impermeable, una concha de abulón o un lavabo. También se puede soplar sobre ellas, pero algunos practicantes lo desaconsejan por considerarlo una falta de respeto a los espíritus. Tampoco se recomienda apagar las brasas con agua. Empapar las hierbas podría hacer imposible volver a encenderlas.

Si las hierbas se han quemado por completo, o quiere desterrar una gran cantidad de negatividad que recogieron, entiérrelas en la tierra. La naturaleza le ayudará a disipar y neutralizar esas influencias negativas para que no vuelvan a atormentarle más tarde.

Cómo lidiar con las energías persistentes

En la mayoría de los casos, sabrá que el proceso de limpieza ha tenido éxito observando el color del humo. Por ejemplo, si el humo es espeso y oscuro, queda mucha energía por limpiar, y cuando se vuelve más claro, significa que la negatividad ha desaparecido. Sin embargo, esto no siempre es tan fácil. Algunas energías son tan poderosas y persistentes que se aferrarán obstinadamente a sus objetos, al espacio, a usted mismo o a los que le rodean. En estos casos, debe hacer una segunda (y, si es necesario, una tercera) limpieza. Cuando lo haga, preste atención a cómo se mueve el humo. ¿Se adhiere al objeto o a partes del espacio, intentando envolverlo? ¿O intenta evadirlo? En el primer caso, todavía quedan energías negativas, mientras que en el segundo, el humo se aleja porque todas las energías negativas se han disipado. Si está trabajando en una habitación, abra todas las ventanas para que el humo (junto con la negatividad) abandone el espacio. Si está limpiando un objeto no estacionario, acérquelo lo más posible a la ventana para que la energía contaminada pueda salir inmediatamente.

Cómo incorporar la limpieza con sahumerios a su programa diario

La mayoría de los practicantes recomiendan limpiar una o dos veces al mes, dependiendo de la frecuencia con la que se encuentren las energías negativas. Sin embargo, si su práctica implica un trabajo espiritual regular, usted, sus herramientas, su espacio y quienes le rodean estarán expuestos a constantes interferencias energéticas. Para contrarrestar sus efectos, incorpore rituales regulares de limpieza de humo a su vida cotidiana.

¿Se pregunta cómo empezar? Es más fácil de lo que cree. Realice un rápido ritual de limpieza cada mañana o cada noche, dependiendo de cuándo trabaje con energías espirituales. Al final de la semana, haga una limpieza profunda de sus herramientas, su espacio y, si es necesario, de usted mismo. Realice limpiezas adicionales adaptadas a situaciones específicas. Por ejemplo, si acaba de dar una gran fiesta y no quiere que las energías de todos los asistentes contaminen su espacio, límpielos con un sahumerio. La limpieza con sahumerios también puede ser una solución magnífica para limpiar su aura tras un desacuerdo con su jefe o pareja.

Capítulo 6: Alternativas al sahumerio

Los métodos de sahumerio sin humo pueden ser útiles cuando la quema de hierbas no es práctica o no está permitida en un entorno concreto. En este capítulo se describen varias técnicas y herramientas para la limpieza y purificación energética sin humo, desde la sanación con sonido hasta la visualización, pasando por los aerosoles y las sales.

Sanación con sonido

Las vibraciones sonoras son una herramienta poderosa para la limpieza energética y la sanación[10]

Las vibraciones sonoras pueden ser una herramienta poderosa para la limpieza energética y la sanación. La curación por vibración es una técnica de meditación o atención plena que permite a los participantes sumergirse por completo en vibraciones superiores, portadoras de energía beneficiosa. Sin embargo, a diferencia de otros métodos similares, la meditación con sonidos puede realizarse sin establecer una intención ni necesitar orientación externa. En su lugar, se escuchan sonidos y se deja que calmen y curen la mente, el cuerpo y el alma. Este tipo de limpieza es especialmente eficaz para extraer la energía negativa y promover la curación física y emocional. Diferentes herramientas sonoras, como cuencos tibetanos, horquillas, gongs, campanas y carillones, pueden ser útiles para crear un entorno de sanación vibracional, también conocido como baños de sonido. También se pueden preparar baños de sonido con música relajante o sonidos pregrabados de instrumentos, la naturaleza, etc. El objetivo es alcanzar un estado de conciencia más profundo que fomente la autoconciencia, alivie el estrés y permita recargarse de energía positiva.

Para utilizar la sanación por el sonido para la limpieza, simplemente busqué un lugar cómodo para acomodarse. Cierre los ojos y empiece a concentrarse en su respiración. Mientras inspira y espira, deje que el sonido de la música o los instrumentos penetre en sus sentidos, que vaya más allá de la audición. Por ejemplo, puede visualizar las ondas sonoras entrando en su cuerpo y limpiándole desde dentro hacia fuera. Siga respirando profundamente y concéntrese en el sonido hasta que sienta que se ha limpiado por completo.

También puede utilizar esta técnica para limpiar energéticamente objetos o espacios. Para lo primero, coloque el objeto en un cuenco tibetano (o cerca de otra fuente de sonido) y deje que las vibraciones limpien la energía negativa. En el segundo caso, lleve la fuente de sonido por el espacio. Deténgase varias veces y deje que el sonido suba tres veces en cada esquina o lugar en el que se detenga. Abra las ventanas para dejar que las vibraciones negativas se disipen y evitar que queden atrapadas en el espacio.

Aerosoles

Los aerosoles para limpiar son aerosoles de aceites esenciales o mezclas a base de agua infundidas con hierbas o cristales propicios para purificar un espacio. Existen diferentes tipos de aerosoles, entre los que se

incluyen:
- Mezcla de salvia blanca, hierba dulce y cedro para purgar la negatividad y sustituirla por positividad.
- Aceites esenciales de tabaco, cedro, salvia y hierba dulce para aprovechar las vibraciones positivas de la naturaleza.
- Esencias de palo santo, salvia, enebro y salvia lavanda (a menudo reforzadas con cristales de cuarzo rosa) para otra dosis extra de vibraciones positivas.
- Mezcla de hierba dulce de Sequoia para facilitar el enraizamiento y la conexión con la naturaleza.
- Aerosoles esenciales de salvia blanca, avellano, cedro y romero (a menudo reforzados con turmalina negra) para rituales sagrados.

Utilizar solo agua para purificar y limpiar objetos, espacios y personas es una forma estupenda de tamizar todas las energías negativas. Limpiar con agua no solo es bueno para cuando necesita limpiar algo o a alguien, sino también cuando quiere disipar las energías contaminadas de otras personas. Por ejemplo, limpie antes de empezar si no quiere la energía de otra persona en una herramienta que prepara para un hechizo, ritual o ceremonia. Sin embargo, para este propósito, los aerosoles para limpiar funcionan mejor que el agua limpia. Del mismo modo, puede limpiar un espacio o a sí mismo con aerosoles cuando sienta que hay demasiada energía de baja vibración acumulada a su alrededor. Si interactúa regularmente con diferentes energías, haga un baño de sahumerio antes de acostarse o justo después de despertarse para tener una paleta energética más limpia durante el día.

Ingredientes:
- Aceites esenciales (utilice cualquiera de los aceites mencionados anteriormente o cualquier otro que prefiera)
- Otras esencias herbales o hierbas (tendrá que remojarlas o cocerlas en agua caliente y dejar que se enfríen antes de usarlas, en otras palabras, hacer una decocción)
- Agua destilada
- Alcohol puro
- Botella pulverizadora (de cristal o plástico)

Instrucciones:
1. Si utiliza aceites esenciales, vierta 1,7 onzas de agua en un vaso vacío y, a continuación, añada 20 gotas de aceites. De lo contrario, utilice sus decocciones.
2. Mezcle el alcohol con el agua o la decocción. El alcohol ayuda a que el líquido se evapore más rápido.
3. Vierta la mezcla/decocción en un difusor o en un pulverizador y, a continuación, rocíe la habitación, el espacio o la persona que desea limpiar mientras repite su intención.
4. Mientras lo hace, visualice la luz blanca que irradia el agua, rodeándolo todo para restablecer el equilibrio energético.

A la hora de purgar las energías negativas, es crucial encontrar la fuente de agua más pura. Este método utiliza agua destilada. No obstante, si tiene acceso a manantiales o arroyos naturales, no dude en utilizarlos. Su agua procede directamente de la naturaleza, por lo que su efecto seguirá siendo potente.

Sal y baños de sal

La sal es conocida por sus propiedades depurativas y se ha utilizado desde la antigüedad para purgar y limpiar las energías negativas. Mucha gente sigue utilizándola para protegerse de las energías negativas. Su efecto es servir de barrera contra las bajas vibraciones que puedan estar presentes. Por lo tanto, usar sal para limpiar su espacio, objetos personales, herramientas espirituales, e incluso a usted mismo, es una buena idea. Por ejemplo, esparcir sal por su espacio o colocarla en recipientes o bolsas puede ayudar a absorber la energía negativa. Como alternativa, también puede utilizar baños de sales para la limpieza energética. Los distintos tipos de sales tienen diversos beneficios. Por ejemplo, la sal común de mesa y la sal marina son las mejores para rituales de limpieza sencillos, la sal negra es un potente bloqueador energético y la sal rosa del Himalaya y la sal azul potencian la energía positiva. Asimismo, la sal en escamas es la mejor para disipar las vibraciones negativas y sustituirlas por positivas. No utilice sal para purificar objetos de plata porque puede causar óxido.

He aquí cómo utilizar la sal para limpiar los artículos o el espacio:
1. Llene un cuenco pequeño con sal.
2. Cuando limpie sus utensilios, colóquelos encima o debajo de la sal.
3. Déjelos toda la noche y recupérelos a la mañana siguiente. Tendrá un objeto limpio y con energía renovada.
4. Cuando limpie una habitación o una casa, mezcle sal con agua y rocíela por todo el espacio.

He aquí cómo limpiar su casa con sal:
1. Vierta una pequeña cantidad de sal en un cuenco y colóquelo en la puerta de entrada para impedir que la energía negativa entre en su hogar.
2. Retire todos los objetos de la zona que desea limpiar y quite el polvo de las esquinas alrededor de la habitación, luego espolvoree sal alrededor.
3. Asegúrese de que la zona permanece intacta durante un par de días. Mantenga a los niños y a los animales domésticos alejados de la sal.

Los beneficios de los baños de sal

En los baños, la sal puede combinarse con cualquier otro agente limpiador natural. Un baño de sal puede tener diferentes beneficios dependiendo de sus ingredientes y su intención. A continuación se enumeran algunos de ellos.

Un bálsamo para los nervios

Añadir hierbas a los baños de sal puede calmar los nervios irritados, restablecer el equilibrio de las hormonas que afectan al sistema nervioso y disminuir los efectos de los pensamientos y emociones negativos. Todo ello tiene una influencia saludable en su salud general. Digamos que llega a casa después de un día estresante. Se prepara un baño de sal y, en cuanto se sumerge en él, puede desconectar de todas sus preocupaciones y disfrutar de los efectos calmantes de la sal.

Reduzca los efectos de los estímulos estresantes

Tanto si se siente preparado para asimilar nueva información sensorial como si ya está agobiado por lo que está procesando en ese momento, a veces, los estímulos sensoriales no dejan de llegar, día tras día. Los entornos en los que se mueve, las personas con las que trata y los entretenimientos que consume están repletos de estímulos que afectan a su energía y estado mental. Los baños de sales pueden ayudar a reducir la huella energética de todas esas influencias que amenazan con alterar su equilibrio.

Eliminar toxinas

Sumergirse en la bañera con agua salada u otros ingredientes con efectos antioxidantes es mucho más eficaz que cualquier otro método de desintoxicación excesivamente publicitado. No se tarda nada en sacar agua y echar un poco de sal y hierbas calmantes como el romero, y tampoco hay que preocuparse por efectos no deseados. Pasar solo 20 minutos en una bañera cuando se sienta decaído eliminará todas las toxinas de su cuerpo, y su salud mejorará drásticamente.

Purgar su cuerpo energético

Los baños espirituales tienen un efecto terapéutico en el equilibrio de todo su cuerpo energético. Reemplazan la energía estancada o dañina por vibraciones positivas y elevan sus vibraciones. Las sales, los cristales y los aceites esenciales son esenciales para limpiar su cuerpo energético. Los aceites esenciales también le ayudarán a sustituir la energía estancada por energía renovada, especialmente si pasa al menos 25-30 minutos en remojo y relajándose en la bañera.

Fomentar el autoconocimiento

Los baños de sales son una herramienta fantástica para crear la atmósfera perfecta para la contemplación. Como ya se está relajando y limpiando en la bañera, también puede dedicar tiempo a hacer una pequeña investigación reflexiva sobre sí mismo. Puede reflexionar sobre su intención o pensar en sus objetivos y deseos. Esto último funciona mejor para establecer una conexión entre su intuición y su yo superior. Puede utilizar cualquier ejercicio para adquirir más conciencia de sí mismo y revelar sus deseos más íntimos.

Baño de agua salada para alejar la negatividad

Con el siguiente baño de sal, puede aliviar el estrés, el dolor y la fatiga, mejorar la circulación y limpiar el sistema de chakras. También es ideal para exfoliar el cuerpo, reducir la irritación de la piel e incluso curar heridas leves. Aunque la sal marina es la más eficaz para este fin, puede sustituirla por sal marina gruesa si no dispone de ella. Es un método sencillo y eficaz para asegurarse de que nunca le afectarán las interferencias negativas.

Ingredientes:
- Sal marina gruesa o de roca
- Aceite esencial de lavanda o árbol del té
- Un cubo
- Agua tibia

Instrucciones:
1. Asegúrese de que la bañera está limpia antes de darse un baño. De lo contrario, la energía negativa residual puede interferir en el ritual del baño. Tanto si quiere limpieza, protección o curación, la regla número uno es empezar con una pizarra limpia. Limpiar la bañera y el área circundante ayuda a eliminar las vibraciones no deseadas de su baño, permitiendo que el ritual de limpieza surta pleno efecto.
2. Vierta agua en un cubo hasta la mitad. Añada al agua, la sal y unas gotas de aceites esenciales. Remueva hasta que la sal se haya disuelto por completo. Mientras lo hace, establezca una intención clara. Tanto si quiere limpiar sus vías energéticas, resolver situaciones negativas en la vida, limpiar su cuerpo, mente y espíritu, o atraer influencias positivas a su vida, asegúrese de definirlo claramente en su mente antes incluso de empezar a preparar su baño.
3. Como alternativa, puede introducir música o meditación guiada. Escuchar música de meditación o cualquier otra música relajante o incluso una meditación guiada le ayudará a relajarse y potenciará los beneficios de la limpieza espiritual y los baños protectores. Alternativamente, puede cantar antes y después del baño, hay una razón por la que a algunas personas les encanta cantar en la ducha. Le ayudará a limpiar el espacio de las energías negativas que han salido de su cuerpo, mente y espíritu y los pondrá de mejor humor.
4. No debe concentrarse en su teléfono u otros dispositivos electrónicos mientras toma un baño de sales. Coloque el dispositivo que reproduce el audio fuera de su alcance.
5. Póngase de pie en la bañera y vierta lentamente el agua salada sobre su cuerpo, de la cabeza a los pies. Evite que el agua le entre en los ojos. Sienta cómo le limpia de negatividad.

6. Cuando haya terminado con el baño de sal, enjuáguese y lávese el pelo y el cuerpo con jabón y champú naturales. La sal puede resecar su piel y su cabello, por lo que ambos necesitarán reponerse con una buena crema hidratante.
7. Tómese su tiempo para reflexionar sobre cómo se siente antes y después de tomar los baños. No todos los baños de limpieza funcionan para todo el mundo. Para saber si uno en concreto le funciona, reconozca de antemano en qué necesita ayuda y observe el efecto. Compare sus resultados con cómo se sentía antes de tomarlo.
8. Puede repetir el baño de dos a tres veces por semana, dependiendo de lo afectado que esté por las energías negativas.

Cuando utilice aceites esenciales y hierbas, asegúrese de estar familiarizado con sus efectos. No todos son seguros para todo el mundo, sobre todo si tiene la piel sensible. Utilice solo los recomendados para baños. Si nota alguna reacción adversa con alguno de ellos, deje de utilizarlos en sus baños.

Visualización

La visualización con el ojo de la mente de una luz blanca o dorada que despeja el espacio es otra forma eficaz de limpiar sin humo ni sonido. La visualización consiste en imaginarse rodeado de luz blanca o de cualquier otro tipo de luz que le atraiga. Mientras visualiza la luz que le rodea, debe concentrarse en ella limpiando su aura y lavando cualquier negatividad. O también puede visualizar la luz entrando en su cuerpo y llenándole de positividad. Alternativamente, imagine la luz purgando objetos, espacios u otra persona. Todo depende de su propósito. El objetivo es aprovechar las partes creativas de su cerebro y dejar a un lado los pensamientos analíticos. Utilizar un método de visualización para limpiar algo o a alguien es una forma estupenda de hacer fluir su creatividad. Si no está acostumbrado a la visualización, es mejor que la practique primero durante unos días antes de intentar este ritual de limpieza en cualquier objeto o espacio.

Puede hacerlo sentándose al aire libre en un ambiente tranquilo, cerrando los ojos e imaginando que una luz blanca desciende del cielo y se instala a su alrededor. En cuanto empiece a sentir un cambio de energía, su proceso habrá tenido éxito. Cuanto más realice este ejercicio, más fácilmente le llegará la luz visualizada. También puede traer otros colores al ojo de su mente.

He aquí lo que significan los diferentes colores:

- **El blanco** denota pureza, paz, protección y serenidad.
- **El amarillo** se asocia con el intelecto, la fuerza y la energía.
- **El naranja** se relaciona con la suerte, la confianza y el éxito.
- **El rojo** simboliza la pasión, el deseo, el poder, la fuerza y la vitalidad.
- **El rosa** significa paz, apoyo emocional, compasión y afecto.
- **El morado** se atribuye a la sabiduría, la conexión espiritual y la protección.
- **El azul** denota seguridad, protección, tranquilidad y curación.
- **El verde** trae suerte, fortuna, prosperidad, abundancia, equilibrio y curación.
- **El negro** está relacionado con la protección energética, la unión y el rechazo de la negatividad.

Puede utilizar un color que resuene con usted o cuando necesite las propiedades asociadas a él. También puede intentar visualizar una combinación de estos colores para diseñar y crear la imagen perfecta. Por ejemplo, puede imaginar el color púrpura cuando limpie un objeto y desee eliminar la energía estancada. El mismo color también mejorará sus posibilidades de conectar con el mundo espiritual mientras realiza una técnica de adivinación. Por otro lado, el verde le permitirá canalizar la energía de la naturaleza durante los rituales de sanación. Visualice los tonos que mejor resuenen con su intuición y sus preferencias personales. Afortunadamente, no hay reglas fijas para la visualización. Si sus intenciones son puras y practica con diligencia, sus esfuerzos darán sus frutos.

Dicho esto, he aquí una guía rápida paso a paso para una visualización de limpieza:

1. Siéntese en un lugar tranquilo y cómodo, sin distracciones. Respire hondo, contenga la respiración brevemente y exhale. Repítalo dos veces más.
2. Ahora, cierre los ojos e imagine una luz blanca que rodea su cuerpo y se eleva hasta el cielo. En el fondo, puede sentir que

esta luz limpiará su campo energético y eliminará cualquier energía negativa o no deseada.

3. Visualice esta luz cada vez más intensa y bulliciosa a medida que forma un gran orbe a su alrededor. Sube por su cuerpo, empezando por los pies y subiendo hasta la cabeza. Luego, entra en su cuerpo desde el chakra de la coronilla y pasa por cada uno de los siete chakras, uno por uno.

4. Imagine que esta luz fluye desde sus manos hasta el objeto que sostiene o el espacio que le rodea. Observe cómo la luz envuelve el objeto o el espacio y absorbe toda su energía negativa.

5. A continuación, visualice que esta luz se sumerge en el suelo, llevándose consigo la energía negativa. Respire profundamente unas cuantas veces y permítase relajarse con la certeza de que la negatividad ya no perturbará su energía ni la del objeto o espacio que está limpiando.

6. Una vez que se sienta completamente limpio, puede abrir los ojos y reanudar su trabajo espiritual o sus actividades cotidianas.

7. Al principio, puede que le lleve más tiempo canalizar toda la negatividad hacia la luz. Sin embargo, una vez que le coja el truco a este proceso, solo tardará unos minutos en limpiar lo que quiera con luz blanca o de cualquier otro color.

Limpieza con papel

La limpieza con papel es una alternativa única para limpiar, orientada a la purificación personal más que a la limpieza de espacios u objetos.

Ingredientes:
- Un trozo de papel
- Un bolígrafo
- Una varilla de incienso (opcional)
- Una vela blanca
- Cerillas
- Un cuenco o plato ignífugo (también puedes utilizar un cuenco con agua o un fregadero)

Instrucciones:

1. Encienda la vela y colóquese en una posición relajada.
2. Respire hondo varias veces y empiece a escribir lo que le venga a la mente. No intente concentrarse en nada, simplemente anote cualquier pensamiento o sentimiento que surja de forma natural.
3. Si utiliza incienso, enciéndalo e inhale su aroma. Deje que inunde su mente, cuerpo y espíritu.
4. A continuación, establezca una intención y concéntrese en ella.
5. Acerque el papel a la llama de la vela y quémelo sobre la superficie ignífuga para no crear peligro de incendio.
6. Visualice que la negatividad abandona su mente, cuerpo y espíritu y se pierde en el aire.
7. Termine su ritual con una oración, una meditación rápida o un ejercicio de respiración.

Capítulo 7: Cómo crear sus propios materiales

Aunque en el mercado hay todo tipo de materiales para hacer la limpieza, con tanta variedad abrumadora, no hay nada mejor que fabricar sus propios materiales. Para algunas personas, esto puede parecer una pérdida de tiempo y esfuerzo, pero aquellos que realmente han practicado el sahumerio, y otros rituales espirituales, saben la diferencia que pueden marcar los materiales personalizados. Si va al mercado, encontrará todo tipo de varitas para hacer la limpieza con diferentes hierbas y aceites esenciales. También abundan las soluciones líquidas, y los aceites esenciales se pueden encontrar en cualquier tienda local. Sin embargo, cuando usted elabora sus propias provisiones, tiene la libertad de utilizar las hierbas y los ingredientes que más le convienen, sin tener que conformarse con combinaciones prefabricadas. Puede experimentar con todo tipo de hierbas y elegir las que se ajusten a su intención. También puede evitar las hierbas y aceites a los que es alérgico y los que simplemente no le gustan. Hay demasiados pros y pocos contras para que no se anime a hacer sus propios productos. Además, elaborarlos no es nada difícil y puede dominarse fácilmente. Este capítulo le proporcionará instrucciones para crear diferentes materiales para hacer sahumerios, desde palitos para hacer sahumerios hasta abanicos para hacer sahumerios y mezclas de aceites esenciales.

Cómo fabricar bastoncillos para sahumerio

El elemento principal que necesita para un ritual de purificación es, por supuesto, una varita de purificación. Fabricar un bastoncillo es una tarea bastante sencilla, sobre todo si tiene experiencia en manualidades. Antes de reunir los suministros, tendrá que determinar la longitud, el grosor y los tipos de hierbas que utilizará para el bastón. También necesitará cuerdas para atar el manojo. El grosor y la longitud de los bastoncillos de incienso dependen enteramente de usted. Puede hacer bastoncillos grandes con un grosor de unos cinco centímetros y una longitud de 30 centímetros.

Si prefiere bastoncillos más pequeños y delicados, puede reducir el grosor a 1 pulgada y la longitud a 3 pulgadas. La gente suele preferir palos más grandes cuando se trata de sahumar un área grande, ya que estos haces arden lentamente. Por otro lado, si solo tiene que limpiar una habitación pequeña o a una persona, entonces un manojo más pequeño funcionará bien. Si es la primera vez que hace bastoncillos, es mejor tener variedad, así que haga bastoncillos gruesos y finos por si acaso. Los más finos son ideales para viajar o para regalar a alguien. Los más grandes funcionan mejor para despejar espacios más grandes, como una casa entera o un terreno.

Elegir algo tan sencillo como el cordel que unirá el bastoncillo para hacer la limpieza tiene su importancia. Al encenderlo, el cordel arderá junto con el resto del manojo, por lo que debe estar hecho de materiales naturales, como cáñamo o algodón. No utilice cuerdas de plástico, ya que liberan sustancias químicas tóxicas al arder. El color de la cuerda es decisión suya. Algunas personas las tiñen de diferentes colores, mientras que otras utilizan cuerdas sencillas sin teñir. La longitud tiene que ser mucho mayor que la de los bastoncillos, ya que se enrollará varias veces alrededor del manojo y luego se atará para asegurarlo. Aunque el resto de factores, como el grosor, el color y la longitud del bastoncillo, dependen totalmente de usted, lo que no es negociable es que el bastoncillo esté bien sujeto. Las hierbas suelen secarse y encogerse, lo que hace que se deshagan. Para evitarlo, hay que envolverlo bien con el cordel. Estos son los materiales que necesitará para confeccionar su bastoncillo:

- Las hierbas de su elección, puede elegir de la lista proporcionada en los capítulos anteriores, pero no está limitado solo a esas hierbas.
- Un cordel natural, ya sea de colores o sencillo, evita utilizar cordeles sintéticos.
- Un par de tijeras, afiladas.

Una vez que tenga sus suministros, siga estos sencillos pasos:

1. Reúna sus provisiones y busque una superficie plana para colocarlas. Comience separando las hierbas y disponiéndolas por orden de longitud y grosor. Si utiliza una combinación de hierbas, colóquelas de forma que resulten atractivas a la vista. Asegúrese de no utilizar demasiadas variedades en un mismo bastoncillo, ya que las propiedades espirituales de cada hierba podrían no complementarse con las de las demás. En su lugar, limítese a un máximo de cinco hierbas por bastoncillo para mantener el equilibrio. Si utiliza pétalos de rosa, colóquelos en la parte superior del manojo para crear un bastoncillo atractivo. Mantenga las hierbas más cortas en el exterior, mientras que las más largas deben colocarse de manera que queden en el interior del bastoncillo.

2. Prepare las cuerdas cortándolas a la longitud adecuada para cada bastoncillo, que debe ser al menos cinco veces mayor que la longitud del manojo de hierbas. Las cuerdas se utilizarán para tejer un patrón dentro de los bastoncillos; por lo tanto, deben ser lo suficientemente largas. Guarde suficientes cuerdas para atar todos sus bastoncillos de sahumerio.

3. Sujete el manojo de hierbas con las manos y haga un nudo en los tallos para asegurarlos. Enrolle el cordel alrededor de este nudo unas cuantas veces antes de llevar el cordel desde la base de los tallos hasta la punta del manojo mientras sujeta el manojo con una mano. A continuación, invierta el ángulo y devuelva el hilo a la base del manojo. Haga esto varias veces hasta que obtenga un patrón entrecruzado, como el que se ve en muchos palos para sahumar.

4. Cuando haya terminado de hacer el patrón, haga otro nudo para asegurar la envoltura. Para que el bastoncillo quede más sujeto, puede hacer unos bucles con el cordel en la base de los tallos y

los mismos bucles en la parte superior del manojo. Puede crear muchos otros patrones usando su creatividad o buscándolos en internet.
5. Una vez terminados, coloque los bastoncillos en un lugar a la sombra para que se sequen. Puede secar los bastoncillos de dos maneras. Puede colocarlos en una rejilla o pantalla de secado con un buen espacio de circulación de aire o colgarlos de un estante de cocina o cualquier otro lugar colgante. Solo asegúrese de mantenerlos alejados del sol para que haya poca o ninguna luz donde los seca. Sin embargo, la circulación de aire es esencial. Estarán listos para usar en unos 10 días.

Cómo hacer un abanico para sahumerios

Lo siguiente en la lista de materiales para hacer la limpieza es el abanico para hacer la limpieza y, al contrario de lo que pueda parecer, hacer abanicos para hacer la limpieza tampoco es un proceso difícil. Solo necesita creatividad, plumas y elementos decorativos para crear un abanico para sahumar muy elaborado. A la hora de fabricarlos, el cielo es su límite creativo. Algunos de los elementos que se suelen utilizar para hacer abanicos para sahumerios son cuentas, cristales, conchas, ramitas, cuerdas y bolsas de cuero. De hecho, puede utilizar cualquier elemento de la naturaleza que le guste y que pueda sujetarse al abanico, ya sean ramitas, piñas o incluso hojas. Se han hecho abanicos de temática oceánica, con hermosas conchas y vegetación marina seca adornando la superficie. También son comunes los abanicos de temática forestal, con astas, ramitas y pequeñas piñas.

También puede decorar su abanico con plumas de colores brillantes, borlas y cristales. Incluso puede utilizar una sola pluma adornada con un cristal como abanico para sahumar. El uso de un abanico durante el ritual influye significativamente en el proceso, en comparación con el uso de la mano para agitar el humo. Le aporta energía luminosa al humo y garantiza que la energía de la limpieza llegue a todos los rincones de la habitación. Puede utilizar plumas de pájaro reales recogidas en la naturaleza o plumas artificiales para fabricar su abanico. Según las tradiciones antiguas, los abanicos para sahumerio se hacían con el ala entera de un águila, por lo que el concepto de abanico para sahumerio es replicar el ala de un pájaro. Estos son los materiales que necesitará para su abanico:

- Plumas variadas (recogidas en paseos por la naturaleza o compradas en una tienda de manualidades)
- Rama pequeña y resistente, madera flotante o un trozo de madera (de 5 a 10 cm de largo)
- Pistola de pegamento
- Cordón de cuero u otro material de preferencia

Elementos decorativos como cristales, cuentas pequeñas, talismanes personales u otros elementos atractivos. Cuando tenga todos los materiales listos, siga estos sencillos pasos:

1. Reúna los materiales en una superficie grande y plana, idealmente una encimera de cocina o una mesa de manualidades. Utilice una pistola de pegamento para pegar los adornos, así que tenga cuidado de proteger la superficie del pegamento caliente.
2. Divida los materiales en cuatro partes, coloque las plumas en un lado, los elementos decorativos en otro y la rama que servirá de base y la pistola de pegamento en el centro.
3. En primer lugar, debe disponer las plumas para el abanico. Empiece separando las plumas por tamaño y color. Se sugiere que utilice plumas del mismo color para el abanico, pero también puede ser creativo.
4. Coloque las plumas más grandes detrás y las más pequeñas delante. La disposición debe parecerse al ala de un pájaro. Asegúrese de que todas las plumas estén orientadas en la misma dirección.
5. Cuando acabe de colocar las plumas, coja la rama y decida qué lado del palillo se utilizará como parte delantera del abanico. A continuación, aplique cola a la base y pegue las plumas, de una en una.
6. Siga pegando las plumas una al lado de la otra y luego una encima de la otra hasta que el abanico tenga suficientes alas.
7. Ahora, tome el cordón de cuero y enróllelo alrededor de la rama, total o parcialmente. Esto depende de usted. Utilice pegamento para fijar firmemente el cuero a la madera.
8. Por último, seleccione los adornos que desea utilizar y visualice el diseño que desea crear. Antes de pegar los elementos en el

abanico, colóquelos primero en las posiciones previstas y compruebe si el abanico queda bien. A continuación, pega cada elemento en las plumas.

¡Su abanico para sahumar está listo! Colóquelo en su altar, junto con el resto de los suministros para la purificación. Si viaja y tiene que llevar el abanico, embálelo bien de antemano, ya sea con plástico de burbujas o con láminas de plástico.

Limpieza líquida

La limpieza líquida es una de las formas más sencillas de eliminar la energía negativa de su espacio y reponer la esencia positiva de su entorno. Muchos de ustedes habrán optado por la limpieza líquida, ya que no requiere mucho esfuerzo ni humo. ¿Y lo mejor? Puede preparar su propia mezcla de sahumerios líquidos eligiendo entre una selección de aceites esenciales. O bien, puede seguir la siguiente receta para hacer una mezcla líquida de lavanda, salvia blanca y otras hierbas poderosas.

Estos son los materiales que necesitará:

- 15 gotas de aceite esencial de cedro
- Botella de 4 onzas
- 15 gotas de aceite esencial de lavanda
- 4 onzas de agua pura
- 25 gotas de aceite esencial de salvia blanca.

Una vez que haya reunido los materiales, el resto de los pasos son bastante sencillos:

1. Lave y seque su botella para asegurarse de que no haya impurezas en la mezcla.
2. Añada los aceites esenciales al agua y mézclelos bien.
3. Vierta esta solución en la botella de 4 onzas y ciérrela.

La mezcla líquida está lista para su uso. Agite siempre el frasco antes de cada aplicación. Para experimentar con la receta, puede cambiar el aceite base, que es aceite esencial de salvia blanca. Es mejor evitar añadir demasiados aceites esenciales diferentes a la solución si no quiere deshacerse del tono principal de la mezcla. Otros aceites esenciales que combinan bien con la salvia blanca son:

- Incienso
- Aceite de limón
- Naranja silvestre
- Tilo
- Geranio
- Cedro
- Sándalo

Si quiere hacer una mezcla más potente, puede añadir un poco de sal marina sin procesar a la mezcla, ya que se dice que amplifica el efecto de la limpieza del espacio. También puede añadir un pequeño cristal a la botella de líquido para sahumerio. Para ello, primero debe cargar el cristal dejándolo reposar en un recipiente con agua bajo la luz solar directa durante tres días. A continuación, puede utilizar este cristal cargado con energía solar, e incluso el agua, en su mezcla para hacer la limpieza. Esto añadirá la energía ardiente del sol a su mezcla y la hará aún más eficaz para disipar las energías negativas de sus espacios.

Por supuesto, debe asegurarse de que el cristal es lo bastante pequeño para caber dentro de la diminuta botella. Si no es así, puede utilizar el agua cargada de cristal para la mezcla. Esto se debe a que el agua tiene memoria y puede transportar vibraciones dentro de su medio. Así que, cuando la deje cargar utilizando la energía del cristal durante varios días, contendrá las energías positivas transportadas por el cristal. Otra alternativa es utilizar agua de flores, que es básicamente una mezcla de diferentes esencias y aromas florales en una base de alcohol.

Esta mezcla es muy popular para crear diferentes mezclas de aceites esenciales u otras soluciones holísticas. Muchos chamanes la utilizan para limpiar y purificar su energía y para proteger y conectar a tierra sus auras. De hecho, puede utilizarla sin ningún otro añadido para limpiar su espacio de esencias negativas, pulverizándola en el aire. Esto es especialmente útil cuando se está en movimiento, en un nuevo espacio, o simplemente no puede prepararse para un ritual de limpieza completo.

Mezclas de aceites esenciales

Además del sahumerio líquido, puede crear algunas mezclas de aceites esenciales para su difusor de aromaterapia. La única diferencia entre los dos es la adición del agua, seguida por el proceso de rociadura. Al usar un difusor, no hay mucho de qué preocuparse; ¡apenas ponga estas mezclas del aceite esencial en el difusor y déjelo hacer su trabajo!

Solo necesitará dos materiales para crear sus mezclas de aceites esenciales; una botella pequeña (preferiblemente de cristal oscuro) y su selección de aceites esenciales. Mezcle los aceites esenciales y viértalos en la botella de cristal para hacer la mezcla. Deberá guardar estas mezclas lejos del calor y la luz solar, ya que pueden debilitar su potencia. A continuación, encontrará algunas recetas fáciles de mezclas de aceites esenciales, perfectas para promover la energía curativa y proteger su espacio de la energía negativa:

Mezcla de aceites esenciales de limpieza:

Esta mezcla se puede utilizar para limpiar energías extremadamente tóxicas y negativas de su espacio y su aura. Si le parece demasiado intensa, puede probar primero las otras recetas. También puede optar por no utilizar todos los aceites esenciales mencionados en la receta y limitarse a dos o tres de las opciones mostradas. Vierta las mezclas de aceites esenciales en el recipiente del difusor y disfrute de la fragancia:

- 15 gotas de aceite esencial de limón
- 5 gotas de aceite esencial de pino o enebro
- 10 gotas de aceite esencial de menta
- 5 gotas de aceite esencial de eucalipto
- 20 gotas de aceite esencial de lavanda
- 20 gotas de aceite esencial de romero
- 5 gotas de aceite esencial de geranio rosa (opcional)

Esta mezcla limpia y atrae las buenas energías:

Esta armoniosa fusión de aceites esenciales puede hacer maravillas a la hora de purificar el entorno y atraer energía positiva sin esfuerzo. Esta mezcla puede crear una atmósfera acogedora y revitalizante en la que prosperen la frescura y la positividad.

- 25 gotas de aceite esencial de limón
- 15 gotas de aceite esencial de pomelo
- 10 gotas de aceite esencial de menta (opcional)
- 30 gotas de aceite esencial de mandarina
- 15 gotas de aceite esencial de lavanda

Si el proceso de contar las gotas para su mezcla le produce ansiedad, tenga la seguridad de que es habitual pecar de añadir más en lugar de menos. No hay por qué preocuparse, porque difícilmente se equivocará. Así que respire hondo, relájese y deje que el difusor haga su magia. Si siente que el aroma no es lo suficientemente fuerte, simplemente detenga el difusor y añada un par de gotas más de aceite esencial. Así de sencillo.

A la hora de elaborar sus propios materiales para la purificación, hay algo realmente especial en hacerlo usted mismo. No solo le permite añadir un toque personal e impregnar sus intenciones con su personalidad, sino que también aporta una energía totalmente diferente en comparación con los productos comprados en la tienda. Recuerde que debe darles el respeto que se merecen cuando guarde sus materiales para sahumar. Busque un lugar acogedor en su altar o en otro espacio sagrado para guardarlos. Si los trata con cuidado, mantendrá su energía intacta y se asegurará de que estén listos para aportarle magia cuando los necesite. Cuando se toma el tiempo de crear sus propios materiales para la limpieza y guardarlos con respeto, está creando un vínculo especial con las herramientas de su práctica espiritual.

Capítulo 8: Métodos de protección psíquica

Su energía está constantemente bajo ataque porque la gente que le rodea puede enviarle vibraciones negativas, consciente o inconscientemente[11]

Puede que no sea consciente de ello, pero su energía está constantemente bajo ataque. La gente que le rodea puede enviarle vibraciones negativas, consciente o inconscientemente. Algunos pueden hacerlo para dañarle a usted o a sus seres queridos mental, física o espiritualmente. Incluso las personas más cercanas a usted pueden albergar en secreto sentimientos de ira, celos o resentimiento hacia usted.

Esta energía negativa puede perturbar su tranquilidad e impedir que le lleguen bendiciones. No debe ser vulnerable a los ataques psíquicos. Puede utilizar varias técnicas con el sahumerio para protegerse de la negatividad y de todas las personas que quieren causarle daño.

Este capítulo le explicará cómo identificar los ataques psíquicos y le proporcionará técnicas para defenderse en estas situaciones.

Señales de que sufre ataques psíquicos

Algunas aflicciones físicas y mentales no son médicas. Si se somete a un chequeo, se hace todas las pruebas necesarias y no encuentra nada malo, es posible que esté bajo ataques psíquicos. Identificar los síntomas de estos ataques le dará una idea de a qué se está enfrentando para que pueda tomar precauciones para protegerse.

Mala suerte

Si es víctima de ataques psíquicos, sentirá que está maldito o que está experimentando una serie de mala suerte. La energía y las entidades negativas afectan a su aura y bloquean sus chakras, atrayendo experiencias negativas e impidiendo que la buena fortuna entre en su vida. No importa lo que haga, nada sale como usted quiere. A veces puede parecer que es la persona con menos suerte del planeta. Su vida será caótica. Se peleará constantemente con sus seres queridos, empezará a actuar de forma diferente y no será capaz de reconocerse a sí mismo.

Pesadillas

Cuando duerme, se encuentra en su estado más vulnerable, y su campo áurico puede ser susceptible a la energía negativa. Las pesadillas, la parálisis del sueño o los terrores nocturnos son a menudo signos de ataques psíquicos. Las pesadillas pueden ser tan vívidas que le aterrorizan. La situación puede ser tan grave que temerá irse a dormir, lo que le hará sentirse agotado al día siguiente.

Agotamiento

La energía negativa le agota mental, física y emocionalmente, haciendo que se sienta constantemente agotado. Perderá la chispa y no tendrá ganas de perseguir sus objetivos. Ni siquiera tendrá energía para levantarse de la cama. En casos graves, esto puede llevar al aislamiento y a la depresión.

Pensamientos negativos

Naturalmente, la energía negativa dará lugar a pensamientos negativos. Estos pensamientos pueden ser muy intrusivos, dando lugar a fobias y miedos inexplicables. La energía negativa manipulará sus pensamientos y emociones y creará falsas narrativas para distorsionar su realidad.

Miedo constante

La energía negativa es como un cazador que quiere atraparle en su momento más vulnerable. Por lo tanto, jugará con sus miedos e incluso los exagerará en su mente para convertirle en una presa fácil.

Ser observado

Si constantemente siente que alguien le observa hasta el punto de hacerle sentir paranoico, está bajo ataques psíquicos.

Dones

Extrañamente, puede experimentar síntomas emocionales, mentales o físicos extraños después de recibir un regalo de alguien.

Accidentes

Los ataques psíquicos pueden hacerle propenso a los accidentes. La gente experimenta pequeños accidentes de vez en cuando, como caerse en el baño, dejar caer y romper un vaso de agua o derramarse café encima. Sin embargo, si experimenta estos accidentes más de lo habitual y empieza a sentir que algo no va bien, podría estar influenciado por ataques psíquicos.

Perder cosas

¿Quién no pierde sus cosas? Seguro que ha perdido más calcetines blancos de los que puede contar. Sin embargo, si últimamente usted extravía la mayoría de sus objetos, como el móvil o el portátil, es posible que la energía negativa le haya afectado.

Indecisión

¿Últimamente le cuesta tomar decisiones? Los ataques psíquicos pueden hacer que le resulte difícil aprovechar su intuición para actuar o tomar las decisiones necesarias.

Dolor y enfermedad

Si no sufre ningún problema médico y, sin embargo, se pone enfermo o experimenta un dolor agudo, podría sufrir ataques psíquicos.

Pesadez

Las emociones negativas son una carga difícil de llevar. Los ataques psíquicos pueden hacerle sentir como si llevara el peso del mundo sobre sus hombros.

No se puede negar que los síntomas de los ataques psíquicos pueden ser a la vez frustrantes y aterradores. Por suerte, existen técnicas efectivas que puede practicar con el sahumerio para protegerse de estos ataques de una vez por todas.

Conexión a tierra

La conexión a tierra, también llamado técnica de enraizamiento, es un proceso en el que conecta su cuerpo con la tierra para sentirse arraigado a la madre naturaleza y aportar equilibrio y estabilidad a su cuerpo y a su vida. También es una técnica de meditación que le permite ser consciente de lo que le rodea y centrarse en el aquí y el ahora, de modo que no se preocupe por los pensamientos negativos. La conexión a tierra es un remedio eficaz contra muchos síntomas de ataques psíquicos como la ansiedad, el estrés, el miedo, el olvido y la sensación de agobio. Estas técnicas también le conectan con su cuerpo y sus cinco sentidos para que se concentre en su interior y acalle los pensamientos negativos.

Los ejercicios de conexión a tierra le dan control sobre su energía para desbloquear sus chakras y permitir que la energía positiva fluya a través de usted y sane su cuerpo, mente y espíritu. La conexión a tierra revertirá el efecto de los ataques psíquicos, haciéndole más seguro, confiado, equilibrado y energético, y mejorará su sueño.

Dado que a diario interactúa con diferentes personas, nunca puede saber de dónde vendrá el próximo ataque. Necesita protegerse de esta experiencia potencialmente negativa. Varias técnicas de conexión a tierra pueden actuar como escudos para que pueda vivir su día a día sin preocuparse por la energía negativa de los demás.

Técnica de conexión a tierra
Instrucciones:
1. Busque un lugar tranquilo al aire libre, como su jardín o patio trasero, o puede ir al parque o a cualquier lugar en un entorno natural.
2. Permanezca de pie, descalzo y con los dos pies tocando el suelo.
3. Inspire y espire lenta y profundamente durante un par de minutos.
4. Cierre los ojos y visualice raíces que salen de sus pies y llegan hasta el suelo. Se extienden hasta el núcleo de la tierra.
5. Ahora, libere la energía negativa de su mente y su cuerpo a través de las raíces y hacia la tierra.

Técnica de protección de la conexión a tierra
Instrucciones:
1. Sitúese o póngase de pie en un lugar tranquilo y alejado de distracciones.
2. Respire lenta y profundamente unas cuantas veces.
3. Cierre los ojos e imagine que le rodea una gran bola protectora de luz blanca que cubre todo su cuerpo como si le abrazara para mantenerle a salvo de cualquier daño.
4. Llene la bola de energía positiva, luz, alegría, amor y otras emociones cálidas.
5. A continuación, imagine entidades oscuras, emociones y pensamientos negativos como flechas que le atacan desde todas las direcciones.
6. Si esta imagen le pone tenso, mantenga la respiración tranquila y cálmese.
7. Ahora, imagine que las flechas rebotan en la bola blanca. Se siente seguro y protegido. Nada en este mundo puede hacerle daño.

La técnica del 5, 4, 3, 2 y 1
Se trata de una técnica sencilla que consiste en enumerar diferentes objetos de su entorno que puede experimentar con sus cinco sentidos, empezando del cinco al uno.

Instrucciones:
1. Siéntese en una posición cómoda y miré a su alrededor.
2. Enumere en su cabeza cinco objetos que pueda ver.
3. Cuatro objetos que pueda oír.
4. Tres objetos que pueda sentir o tocar.
5. Dos objetos que pueda oler.
6. Un objeto que pueda saborear.

Técnica de respiración

Instrucciones:
1. Inspira profundamente mientras cuenta hasta cuatro.
2. Aguante la respiración durante siete segundos.
3. Espira lentamente contando hasta ocho.

Sienta cómo se mueve su cuerpo con cada respiración y preste atención a sus sensaciones. Manténgase presente en el momento y note cómo cambia su cuerpo al inhalar, contener la respiración y exhalar.

Blindaje

El blindaje es una técnica que le protege de las energías intrusivas y negativas. Usted coloca un escudo de energía invisible a su alrededor para mantenerse a salvo y evitar que los ataques psíquicos lleguen a usted. Debe practicar las técnicas de blindaje siempre que se sienta cansado, agotado y emocionalmente desequilibrado.

La idea del escudo puede parecer de otro mundo, y es posible que piense que necesita ser psíquico o tener habilidades especiales para protegerse. Sin embargo, este proceso es sencillo y cualquiera puede practicarlo. Está hecho de energía, así que piense en este escudo como una extensión de usted mismo. Es una parte de usted que siempre le rodea mientras le mantiene a salvo.

Al igual que establecer límites con las personas, un escudo filtra todos los tipos de energía con los que se trata a diario y filtra la mala energía, dejando entrar solo la energía positiva y cálida. Así, nadie puede invadir su campo energético sin su permiso.

Hay varias técnicas de blindaje que puedes practicar fácilmente, y todas son igual de efectivas.

Visualización de blindaje
Instrucciones:
1. Busque un lugar tranquilo y siéntese en una posición cómoda.
2. Respire lenta y profundamente, e imagine que está liberando la tensión y el estrés de su cuerpo con cada respiración.
3. Siga respirando hasta que se sienta relajado.
4. Cierre los ojos y piense en crear un escudo a su alrededor para proteger su energía.
5. El escudo estará hecho de luz cálida y azul, ya que el color simboliza la protección.
6. Ahora, establezca una intención. Puedes decir algo como: *"Tengo la intención de crear un escudo hecho de sabiduría, luz y amor divino para mantenerme a salvo de entidades negativas y energía intrusiva".*
7. A continuación, visualice múltiples espejos orientados hacia el exterior, rodeándole por todos lados, por encima y por debajo de usted. Cualquier energía negativa que intente acercarse a usted será reflejada por los espejos.
8. Ahora ha creado un escudo de energía que está sellado desde todas las direcciones, manteniéndole a salvo en todo momento y evitando que cualquier negatividad se acerque a usted.
9. Ahora, establezca otra intención de que solo permitirá que la energía y las emociones positivas entren a través del escudo. Puedes decir algo como: *"Establezco la intención de que solo la alegría, el amor y las emociones y pensamientos positivos pasen a través de mi escudo".*
10. Visualice un cristal de cuarzo rosa que irradia una luz cálida y rosada. La luz le rodea, le abraza y le hace sentir amado y protegido.
11. Ahora, su escudo energético está completo. Siéntese durante un par de minutos mientras piensa en su intención. Disfrute de la sensación de protección.
12. Memorice cómo se siente el escudo y piense en esta sensación siempre que esté cerca de personas negativas.

Meditación del jaguar

En diferentes culturas, el jaguar es un símbolo de protección.

Instrucciones:

1. Siéntese en una posición cómoda en un espacio tranquilo.
2. Para que esta técnica funcione, debe estar tranquilo y relajado. Puede poner unas gotas de aceite esencial en un difusor y colocarlo donde vaya a practicar esta técnica para mantener la calma y reducir el estrés. También puede practicar el ejercicio de respiración 5, 4, 3, 2 y 1.
3. Una vez que se sienta calmado, cierre los ojos e invoque el poder del jaguar para que lo rodee con su protección.
4. Prepárese para aceptar el amor sanador y protector del animal y para sentirlo con cada parte de su ser.
5. Visualice al jaguar entrando en su campo energético, protegiéndole y manteniendo su energía a salvo de entidades negativas y energía no deseada.
6. Siga visualizando al jaguar y concéntrese en él. Observe la forma en que se mueve con poder, confianza y gracia.
7. El jaguar corre a su alrededor en círculos, creando un escudo protector y haciéndole sentir en paz porque sabe que nada puede penetrar este escudo.
8. Termine la meditación dando gracias al jaguar por su protección.

Trabajo energético

El trabajo energético, también conocido como curación energética, es una práctica que implica el uso del chi o fuerza vital energética para desbloquear sus chakras y traer armonía, equilibrio y energía curativa a su vida. El trabajo energético incluye varias técnicas como el tapping, el masaje, los ejercicios de respiración, los cristales curativos, la reflexología, la acupuntura, la terapia de luz, el reiki y el sahumerio. Usted puede practicar algunas de estas técnicas, mientras que otras, como la acupuntura y el reiki, requieren la intervención de un profesional.

Ejercicios de respiración
Instrucciones:
1. Colóquese en una posición cómoda y coloqué la mano derecha sobre el vientre.
2. Sienta cómo se expande su vientre al inhalar y sienta cómo se libera el aire de su vientre, vaciándolo al exhalar.
3. Coloque la mano izquierda sobre las costillas y respire profundamente. Sienta cómo se expanden las costillas al tiempo que se ablanda el vientre.
4. Mueva la mano izquierda hacia la parte superior del pecho. Inspire sintiendo cómo se ensancha el pecho, se expanden las costillas y se ablanda el vientre.
5. Expire y deje salir toda la negatividad.
6. Repita estos pasos de tres a diez veces antes de cualquier ritual de limpieza.

Meditación con cristales
Instrucciones:
1. Elija los cristales adecuados para usted (en el capítulo siguiente se explicará este proceso en detalle).
2. Establezca una intención. Diga algo como: *"Tengo la intención de usar esta meditación para liberar energía negativa y protegerme de ataques psíquicos".*
3. Ponga música relajante para mantener la calma.
4. Siéntese en una posición cómoda y sostenga un cristal en la mano derecha y coloque los otros a su alrededor. Puede tumbarse si lo prefiere y colocar los cristales sobre su cuerpo.
5. Respire lenta y profundamente.
6. Cierre los ojos e imagine que los cristales irradian una luz cálida y protectora que le rodea y le mantiene a salvo.
7. Siéntese con esta sensación hasta que se sienta protegido.

Guías espirituales

Los guías espirituales son entidades energéticas que proporcionan orientación y apoyo. Todas las personas tienen uno, y si no lo ha sentido, es que aún no han conectado con usted. Siempre están cerca ayudándole, aunque no se los pida. Pueden enviarle mensajes a través de sueños, símbolos o situaciones extrañas que usted puede considerar coincidencias. Si conecta con su espíritu guía, podrá descifrar los mensajes que le envían.

Su espíritu guía puede ser un ángel, un animal, un pájaro o un antepasado fallecido. Es poderoso y puede protegerle contra todo tipo de ataques psíquicos. Conectar con ellos le facilitará pedir su ayuda siempre que necesite protección.

Conexión con su guía espiritual

Instrucciones:

1. Cree un espacio sagrado como la construcción de un altar, o simplemente elija una habitación tranquila y límpiela.
2. Establezca la intención de practicar esta técnica para comunicarse con su guía espiritual.
3. Cierre los ojos y pida a su guía espiritual que se una a usted.
4. Respire profundamente varias veces y despeje la mente. Concéntrese únicamente en su guía espiritual.
5. Diga: *"Bienvenido, mi guía espiritual; por favor, dame una señal de que estás aquí"*.
6. Oirá una voz, verá una imagen, olerá un aroma o tendrá una sensación cuando estén aquí. Mantenga la mente abierta y captará algo. Puede que esto no ocurra inmediatamente, y puede que tenga que repetir esta técnica unas cuantas veces hasta que pueda comunicarse con ellos con éxito.
7. Una vez que note su presencia, pida su ayuda para que le proteja contra los ataques psíquicos mientras realiza un ritual de limpieza.
8. Puede ver una imagen de luz blanca rodeándole y protegiéndole o simplemente sentirse protegido. Su guía le mostrará de alguna manera que le mantiene a salvo.
9. Cuando se sienta protegido, agradezca a su espíritu guía su ayuda y abra lentamente los ojos.

Sahumerios

Puede practicar técnicas de sahumerio para protegerse contra los síntomas de ataques psíquicos.

Instrucciones:
1. Quemar salvia en un cuenco metálico.
2. Deje que arda hasta que suelte un humo espeso.
3. Sujete la salvia y límpiese, empezando por la cabeza y bajando por todas las partes del cuerpo.
4. Imagínese que la energía negativa se separa de usted y que el humo le protege.
5. Deje que la salvia termine de arder.

Dificultades frecuentes al hacer la limpieza

Algunos desafíos y obstáculos comunes pueden surgir al practicar el sahumerio para la protección psíquica. No puede protegerse a menos que silencie estos pensamientos y crea en el poder de este ritual.

Escepticismo de los demás

Algunos de sus familiares o amigos pueden pensar que es extraño que utilice humo para protegerse de los ataques psíquicos. Pueden burlarse de usted o mostrarse escépticos. En cualquier caso, no debería importarle lo que piensen los demás. Ámelos y respételos, pero comprenda que cada persona tiene sus propias creencias. Probablemente, crean en cosas con las que usted no está de acuerdo, pero usted respeta esas diferencias, y ellos también deberían hacerlo.

Sin embargo, si su escepticismo le molesta, puede mostrarles la historia del sahumerio y cómo ha sido un método eficaz para la protección psíquica durante siglos. También puede mostrarles toda la investigación científica que demuestra que el humo tiene fuertes propiedades curativas.

Tanto si empiezan a creer como si no, recuerde que no tiene nada que demostrar a nadie.

Dificultades con la visualización

La visualización es una parte importante de los métodos de protección psíquica. Sin embargo, esta técnica no resulta fácil para todo el mundo. Unos simples consejos pueden encender su imaginación para que pueda crear imágenes en su mente.

- Si le cuesta visualizar una imagen concreta, intenté evocar un acontecimiento de su pasado. Piense en los sonidos, olores y sentimientos asociados a él y siga concentrándose en ellos hasta que vea una imagen.
- A veces, un olor puede traernos fácilmente una imagen a la mente. Por ejemplo, el olor de la comida de su abuela le hará imaginársela a ella y a su casa. El sonido de la campana del colegio puede evocarle imágenes de sus amigos de la infancia.
- Utilice canciones, imágenes, olores, comida e incluso objetos que pueda tocar: algo que le recuerde a una persona o un acontecimiento de su vida. Cada vez que aparezca una imagen en su cabeza, presione el pulgar. Con el tiempo, esto puede convertirse en un ancla, algo que utilice para entrar en la zona de visualización.

Duda de sí mismo

- Puede que no crea en sí mismo ni en sus capacidades. Piensa que no es capaz de protegerse de los ataques psíquicos. Creer en sí mismo, viene del interior; llegué al fondo del problema de la duda para abandonarla.
- Pruebe a escribir un diario. Piense por qué duda de sí mismo y escriba todos los pensamientos y sentimientos que experimenta. Cuanto más escriba, más fácil le resultará llegar al origen de sus dudas.
- Cuando descubra el origen, hágase más preguntas, como si sus dudas son razonables o si puede controlar los pensamientos que le frenan.
- Las dudas tienen su origen en los pensamientos negativos. A estas alturas, ya sabe que estos pensamientos no se basan en nada real. En el caso de los ataques psíquicos, los pensamientos negativos que experimenta no son suyos. Se le transfieren de otra persona. Puede utilizar toda la información que tiene sobre los pensamientos negativos para librarse de ellos. Una vez que estos pensamientos desaparezcan, también lo harán sus dudas.

Los ataques psíquicos son graves y pueden afectar a todos los aspectos de su vida. Sin embargo, el sahumerio y todas las técnicas de este capítulo pueden protegerle y mantenerle a salvo en todo momento.

Capítulo 9: Los cristales y la depuración

Los cristales son piedras hermosas, coloridas y poderosas. Provienen del polvo de estrellas, la lava, los minerales y otros recursos naturales. Los cristales contienen energía, y como todo ser humano está hecho de energía, puede intercambiar sus vibraciones negativas con la energía positiva de los cristales.

La sabiduría y el conocimiento de los cristales suelen ser más espirituales que terrenales. Cada cristal tiene sus propias propiedades e irradia vibraciones acordes con su entorno. Pueden limpiar, curar y purificar su espíritu, cuerpo y espacio físico. Por lo tanto, puede utilizarlos en un ritual de purificación por sus propiedades limpiadoras y curativas.

Cristales utilizados en la purificación

Aunque existen más de cuatro mil cristales en el mundo, cada uno tiene sus propias funciones y usos. La primera parte de este capítulo tratará sobre los cristales más utilizados en la limpieza y sus propiedades espirituales.

Cuarzo transparente

Cristal de cuarzo transparente[12]

El cristal de cuarzo claro es una piedra transparente que proporciona curación, conecta con sus siete chakras y amplifica el poder, aumentando significativamente la energía que vierte en él y fortaleciendo también las vibraciones de otros cristales. También limpia su energía y su entorno. Suele proceder de aguas congeladas, se asemeja a trozos de hielo e irradia energía refrescante. Desde la antigüedad, esta piedra se ha asociado con el mito, el misticismo y la magia.

Este cristal proporciona crecimiento espiritual al empujarle a mirar en su interior y descubrir quién es realmente. También desbloquea los chakras, permitiendo que la energía siga fácilmente en su cuerpo y limpie su aura. El cuarzo claro se asocia con el chakra de la coronilla, situado en la parte superior de la cabeza. Este chakra le conecta con lo divino, los planos superiores de existencia y todas las infinitas posibilidades del universo. Puede equilibrar, almacenar o liberar energía y aportarle sabiduría y conciencia.

El cuarzo transparente puede mejorar su claridad mental, estabilizar sus emociones y enfocar lo que desee. También puede utilizarlo para meditar y durante rituales de manifestación. Este cristal tiene propiedades protectoras y puede potenciar sus poderes psíquicos. Tiene la capacidad única de abrirle los ojos a su verdad y a la verdad de las personas de su vida para que pueda comprenderse mejor y ver cada situación desde una perspectiva diferente y fresca. También puede aportar armonía a su vida personal y a su entorno, así como claridad mental y emocional.

Por esta razón, a menudo se le llama "el cristal universal", ya que se puede utilizar en muchos aspectos, como la canalización, la protección, la meditación y la manifestación, y es una de las piedras curativas más poderosas y eficaces.

Amatista

Cristal de amatista[18]

La amatista es un hermoso cristal púrpura que irradia sabiduría, calma y curación espiritual. Actúa como un puente que conecta el mundo físico con el mundo espiritual, lo divino, y proporciona el despertar espiritual. Durante siglos, esta piedra se ha asociado con la espiritualidad, el chakra de la coronilla y el tercer ojo.

"Amatista" deriva de la palabra griega "*amethystos*", que significa "no intoxicado", porque los antiguos griegos solían llevarla como protección contra el efecto de la intoxicación. El cristal siempre ha estado relacionado con la magia y el mito. En la antigua mitología griega y romana, se cree que la amatista obtuvo su color de las lágrimas del dios del vino.

La leyenda cuenta que amatista era una joven virgen a la que Dioniso/Baco (dioses del vino en la mitología griega y romana, respectivamente) trataba mal cada vez que se emborrachaba. No pudo soportarlo más y suplicó a Diana/Artemisa (diosas de la caza y los animales salvajes en la mitología romana y griega) que la ayudara a que cesara su dolor. Entonces, la diosa la convirtió en una piedra blanca. Cuando el dios del vino se enteró de lo ocurrido, lloró sobre el cristal hasta que este se volvió púrpura. Gracias a esta leyenda, la amatista se asocia desde hace tiempo con la claridad mental y la contemplación.

Todo el mundo tiene intuición. Solo que no saben cómo utilizarla. El cristal de amatista desbloquea su tercer ojo y da vida a su sexto sentido. También despierta su intuición e invita a la sabiduría y la imaginación a su vida. El cristal también está conectado con el chakra de la corona que le abre a recibir mensajes de lo divino y del universo. Le protege contra la energía negativa, las malas emociones y la magia negra.

La amatista tiene fuertes vibraciones espirituales que aumentan su conciencia. Puede acercarle a su ángel de la guarda y a sus guías espirituales. Le da conocimiento y le muestra que usted es uno con el universo. La piedra puede llenar su corazón de amor divino y sabiduría espiritual y le recuerda que no está solo en el mundo. Mejora sus habilidades psíquicas y facilita las visiones y las experiencias extracorpóreas, y altera su energía para elevar su frecuencia.

Turmalina negra

Turmalina negra[14]

La turmalina negra es uno de los cristales más fuertes para usar contra la energía negativa y las malas emociones. Aunque la turmalina viene en diferentes colores, ninguno es tan poderoso como el negro. El cristal está asociado con el chakra muladhara, el primero de los chakras que le hace sentirse enraizado y seguro en su entorno. La piedra le protege contra los ataques psíquicos y los vampiros energéticos (personas negativas que drenan su energía, dejándole una sensación de cansancio) y eleva sus vibraciones. La turmalina negra purifica el cuerpo y el entorno de la energía negativa y las entidades oscuras. Eleva su conciencia y le sitúa en el camino de la iluminación. Le enseña a vivir una vida al servicio de los demás para que pueda marcar la diferencia en el mundo.

Las culturas antiguas utilizaban la turmalina negra por sus propiedades protectoras, ya que absorbe toda la negatividad y actúa como escudo contra la energía dañina.

No deje que su color oscuro le engañe. La turmalina negra también puede aportar luz y claridad a su entorno. Cuando la vida se pone difícil y se siente estancado en su situación, este cristal irradiará luz y energía positiva, traerá el amor del universo a su corazón y elevará su conciencia espiritual. Le conecta con fuerzas superiores, equilibra sus chakras y fomenta la curación espiritual. Las varitas de turmalina negra tienen propiedades únicas, ya que pueden canalizar una energía poderosa que trasciende el mundo físico para proporcionar curación. También pueden liberar la energía negativa de su aura para permitir que la positividad fluya a través de su ser.

Puede utilizar la turmalina negra en la meditación espiritual, ya que puede llevarle con seguridad al mundo espiritual. Si sueña con este cristal, es una advertencia contra el peligro.

Selenita

Cristal de selenita[15]

Este cristal blanco nacarado debe su nombre a Selene, la diosa griega de la luna. Esto la convierte en una de las piedras más espirituales. Si la mira, sentirá que le invade la calma. Sus cualidades calmantes provienen de su color blanco pálido, que parece de otro mundo. En la antigua Grecia, las diosas preferían la selenita porque aporta curación espiritual, armonía y protección a la mente, el cuerpo y el espacio físico.

El cristal puede aumentar sus vibraciones para que pueda recibir e interpretar mensajes significativos del universo. Puede desbloquear los siete chakras para facilitar el flujo de energía, protegerle contra la energía y las entidades negativas y aportar pureza y paz al corazón y la mente.

Aunque la selenita puede proporcionar curación mental, física y emocional, sus atributos más poderosos se encuentran en los reinos espiritual y metafísico. Puede limpiar su aura y conectarle con su guía espiritual y su yo más elevado. Trabajar con esta piedra puede mejorar sus habilidades psíquicas, abrirle a descubrir todos los niveles de su conciencia, acceder a sus vidas pasadas para que pueda curarse de acontecimientos traumáticos, conectarle con el mundo de los espíritus y los ángeles, y mostrarle el camino hacia lo divino.

La piedra puede traer positividad a su vida y le recuerda que es un hijo de Dios y una parte del universo que merece ser feliz. Le impulsa a convertirse en la mejor versión de sí mismo. Aclara su visión para que pueda descubrir su pasión y sus objetivos. Le permite eliminar los pensamientos negativos y hablar de sí mismo y de sus objetivos con afirmaciones positivas y poderosas. Puede utilizar este cristal para limpiar, leer, meditar y manifestar.

Cuarzo rosa

Cristal de cuarzo rosa[16]

El cuarzo rosa pertenece a la misma familia que el cuarzo transparente. Irradia emociones positivas y tiernas y se ha convertido en símbolo del amor durante siglos. Sus propiedades curativas pueden traer armonía a su vida; a la mayoría de la gente le encanta tenerlo cerca. Se asocia con el chakra de la garganta y el chakra del corazón. Puede curar conflictos y traumas en todo tipo de relaciones, románticas o no.

Este cristal puede desbloquear el chakra del corazón para abrirlo al amor, la alegría y otras emociones positivas. Puede aportar equilibrio a su vida, conectarle con el mundo que le rodea y las personas de su vida, reconfortarle y mostrarle todas las posibilidades de la vida. El cuarzo rosa está vinculado a la energía femenina de las diosas, atrae paz y compasión a su aura y fortalece su espíritu. Sus propiedades curativas pueden calmar su alma, mostrarle su verdadero potencial y reconfortar su corazón roto. Libera emociones negativas como el odio, el resentimiento, el miedo y la ira para purificar su alma y poner fin a su dolor.

La piedra conecta su corazón con la tierra y el universo, dándole el coraje para amar y expresar sus emociones sin miedo. Después de experimentar las propiedades curativas del cuarzo rosa, se sentirá como una persona nueva. Será más amable, tendrá más esperanza y recuperará la fe en sí mismo y en el mundo. La piedra le recordará que el secreto de la felicidad es amar incondicionalmente a las personas de su vida sin esperar nada a cambio, y el universo le enviará el mismo tipo de amor. Aprenderá que toda la creación de Dios debe ser apreciada y tratada con respeto.

El cuarzo rosa tiene una presencia maternal y nutritiva, que puede serle útil en momentos difíciles. Su cálida energía puede hacerle sentir amado, protegido y contento, y hacerle creer que todo es posible. Le empuja a hacerse preguntas difíciles para mostrarle que las respuestas son a menudo más sencillas de lo que piensa.

Citrino

Cristal de citrino[17]

El citrino es otro cristal que pertenece a la familia del cuarzo. Esta piedra amarilla puede traer luz y sol a su vida y recordarle que le esperan días más brillantes. Está relacionado con el chakra del plexo solar y el chakra sacro. Le mantiene con los pies en la tierra y aporta equilibrio y estabilidad a su vida. El cristal puede desbloquear el chakra del plexo solar para darle poder y hacerle sentir que puede manejar cualquier cosa que la vida le depare.

Este cristal abre el chakra sacro y aporta intimidad, pasión y creatividad a su vida. También puede protegerle contra la energía negativa, fortalecer su espíritu e invitar a la positividad a su corazón. Podrá sonreír a pesar del dolor porque sabe que las cosas siempre irán a mejor.

Supongamos que es sensible o se ve afectado fácilmente por energías y entidades negativas. En ese caso, el citrino puede actuar como escudo para protegerle de influencias dañinas. Es un cristal de abundancia que puede utilizar para manifestar éxito, prosperidad, riqueza y una variedad de cosas maravillosas. Durante los conflictos familiares, el citrino puede calmarle para que pueda pensar con claridad y evitar que la situación se agrave.

También despierta sus habilidades psíquicas para comprender la información y las señales que le envía el universo. A algunas personas puede guiarlas hacía proyectos astrales. También puede alinear y limpiar su aura, aportarle luz y claridad, y proporcionarle curación mental y emocional.

La piedra mejora la conexión con el yo superior y lo divino. Se suele utilizar durante los rituales y la meditación para mantener los pies en la tierra e invitar a la iluminación y la conciencia.

Obsidiana

Obsidiana[18]

La obsidiana es un poderoso cristal oscuro que le protege contra la energía negativa. Aunque es una piedra negra, le muestra que puede ver a través de la oscuridad para descubrir la verdad. Su superficie transparente se asemeja a un espejo que refleja una visión del futuro. Algunos creen que pueden utilizar su superficie transparente para despertar su conciencia superior.

El cristal está vinculado al chakra de la raíz, que le mantiene con los pies en la tierra, aunque su mundo esté patas arriba. La obsidiana puede desbloquear su chakra raíz, permitiendo un flujo de energía fluido, haciéndole sentir seguro y fuerte, y protegiéndole contra ataques psíquicos. Las culturas antiguas utilizaban esta piedra para despertar el chakra del tercer ojo y visitar el mundo espiritual.

Cada persona tiene un lado oscuro del que no suele ser consciente. La obsidiana le revela este lado para mostrarle una faceta diferente de su personalidad. Revela sus puntos fuertes, sus debilidades, sus capacidades e incluso partes de usted mismo que ha olvidado. El cristal da un propósito a su alma, potencia el crecimiento espiritual y le empuja a explorar los misterios del universo.

Las piedras alinean su espíritu con su mente y su cuerpo, liberan la energía negativa e invitan a la armonía y la paz en su vida.

Métodos para incorporar los cristales a la práctica del sahumerio

Esta parte del capítulo se centrará en las diferentes formas en que puede utilizar los cristales en sus rituales de limpieza

Colocación de cristales alrededor del espacio

Antes de hacer la limpieza, coloca cristales alrededor del espacio para amplificar la energía y favorecer el proceso de limpieza. Algunos cristales adecuados para este fin son el cuarzo transparente, la amatista, la turmalina negra y la selenita.

También puede crear una rejilla de cristales colocando las piedras en una posición geométrica sagrada para reforzar su energía. Hay varias rejillas que puede encontrar en internet, o puede utilizar telas de rejilla.

Varita de cristal

Utilice una varita de cristal para dirigir el humo del bastoncillo. Elija una que se ajuste a sus intenciones o necesidades (una varita de cuarzo transparente para amplificar la energía o una varita de cuarzo rosa para el amor y la sanación). Puede elegir una varita de cristal sosteniéndola en la mano. Si conecta inmediatamente con ella, es la piedra adecuada para usted. Si compra en línea, puede utilizar la información que le ofrecemos aquí como guía.

Pregúntese por qué está realizando este ritual. ¿Quiere limpiar su entorno? ¿Quiere protegerse de la energía negativa? ¿O quiere amplificar la energía de un objeto? Sus respuestas determinarán qué cristal utilizar.

Construir un altar de cristal

Construya un altar y añada uno o más cristales. Puede realizar rituales de purificación en el altar para aprovechar la energía de las piedras.

Sujetar cristales

Sostener los cristales mientras los frotas les infunde energía limpiadora y les ayuda a concentrarse en sus intenciones.

Para establecer su intención, siga estas sencillas instrucciones:

1. Sujete la piedra con la mano dominante.
2. Cierre los ojos y despeje la mente.
3. Respire lenta y profundamente hasta que se sienta en el suelo.
4. Imagínese de pie en la naturaleza, contemplando el hermoso paisaje y sintiéndose tranquilo y relajado.
5. Imagine que hay una gran versión del cristal justo delante de usted.
6. Entre en el cristal para explorarlo. Visualice cada parte del interior del cristal, como su aroma, aspecto, sonido y la sensación que experimenta en este momento. Todo debe parecer y sentirse real.
7. Ahora concéntrese en su intención y llene el interior del cristal con personas, colores, símbolos, objetos, etc., asociados a su objetivo y a lo que espera conseguir con este ritual.
8. Después de añadir los toques finales, siéntese y observe el entorno.
9. Cuando se sienta cómodo, repita su intención en voz alta en la vida real y en la visualización.
10. Imagínese tallando o escribiendo cada palabra de su intención en las paredes interiores de su cristal.

11. Siéntese en su cristal durante un rato. Camine alrededor y estudie cada parte de él. Esparza positivismo por todas partes.
12. Ahora puede utilizarlo en su ritual.

Cargar/programar cristales con humo

Después de la limpieza, mantenga los cristales en el humo para limpiarlos y cargarlos. Esto puede ayudar a restablecer su energía y potenciar sus propiedades curativas. Recuerde que hay energía negativa a su alrededor. Durante el ritual, sus cristales pueden absorber esta energía, afectando a su entorno y arruinando su próximo ritual. Limpiar los cristales liberará toda la mala energía y entidades, cargando su cristal con vibraciones amorosas y positivas.

Instrucciones:

1. Pase su cristal sobre el humo durante un par de minutos.
2. Establezca la intención de cargar su cristal con energía positiva y liberar la energía negativa.

Los cristales son extremadamente poderosos y pueden amplificar la energía y las propiedades curativas durante cualquier ritual de purificación. Antes de elegir una piedra, estudie sus propiedades espirituales y curativas para encontrar la que se adapte a sus necesidades. Cuando compre un cristal, no se quede con el primero que vea. Deje que le llame el adecuado. Mantenga la mente abierta y déjese guiar por el corazón. A menudo establecerá una conexión con su cristal de inmediato. Una vez elegido, límpielo con humo e imprégnelo de su intención y energía positiva. En poco tiempo, empezará a notar el poderoso impacto de estas piedras encantadoras en su ritual.

Capítulo 10: La curación mediante el sahumerio

A lo largo del libro, se habrá encontrado con varios casos que muestran el poder de la curación mediante el sahumerio. Y supongamos que ya ha probado algunas de las técnicas antes de llegar a este punto. En ese caso, es posible que haya experimentado por sí mismo sus propiedades reparadoras. De hecho, uno de los secretos menos conocidos de la limpieza es su capacidad para curar numerosas dolencias, no solo físicas, sino también espirituales y emocionales.

Curación de enfermedades físicas

Los estudios han demostrado que la salvia, la hierba más utilizada para la limpieza, tiene propiedades antibacterianas y antimicrobianas. En su entorno natural, la salvia también repele algunos de los insectos más dañinos. ¿Sabía que esta hierba es un antioxidante capaz de eliminar más del 90% de las bacterias de una habitación?

Otro dato interesante: La salvia se llama salvia en latín, y las raíces lingüísticas de la *salvia* se remontan a la palabra *curar* (los fans de Harry Potter quizá conozcan el hechizo *salvio hexia*, utilizado para repeler los maleficios físicamente dañinos). Quemar salvia puede reforzar la inmunidad y proteger de diversas enfermedades.

Las demás hierbas utilizadas en los rituales de sahumerio también tienen propiedades curativas.

- **El cedro**

  Al igual que la salvia, el cedro también repele a los insectos. Si inhala el humo de cedro generado por la limpieza, abrirá sus conductos de aire, lo que le permitirá respirar más libremente y le ayudará a combatir cualquier enfermedad respiratoria existente. ¿Es usted propenso a la artritis? La limpieza con cedro puede aliviar el dolor y reducir la inflamación de las articulaciones.

- **Palo santo**

  El humo del palo santo puede curar varias enfermedades respiratorias como el asma. Su aceite de madera puede utilizarse para curar la artritis e incluso mejorar la salud de la piel. Las investigaciones sugieren que el compuesto d-limoneno que se encuentra en la madera de palo santo puede ayudar a protegerte del cáncer.

- **Hierba dulce**

  Se sabe que el humo de la hierba dulce cura el resfriado común. Si prepara un té de esta planta, puede incluso curar la tos incesante y la fiebre. El aceite de hierba dulce puede curar las heridas porque repele las bacterias.

- **Lavanda**

  A lo largo de los años, el humo de la lavanda se ha utilizado para aliviar dolores de cabeza y migrañas. Con esta planta es posible reducir la inflamación de las articulaciones y aliviar los dolores musculares. Sus propiedades antibacterianas pueden ayudar a curar eczemas. Además, el sahumerio de lavanda mejora la circulación sanguínea y del aire en el cuerpo.

- **Incienso y mirra**

  Diversos estudios han demostrado repetidamente que el incienso y la mirra pueden matar las bacterias nocivas del aire. Se dice que el humo inhalado puede crear glóbulos blancos en el cuerpo, aumentando así la inmunidad frente a varias enfermedades. El incienso y la mirra también tienen propiedades antiinflamatorias y pueden ayudar a eliminar problemas cutáneos.

Ni que decir tiene que, sea cual sea la hierba, resina o aceite que utilice para limpiar, lo más probable es que alguna de sus dolencias físicas se cure. Puede tratarse de una erupción cutánea persistente, una sinusitis crónica, migrañas recurrentes o incluso algo tan mortal como el cáncer.

Curación de enfermedades espirituales

Los expertos creen que las enfermedades físicas pueden tener su origen en el cuerpo energético. Si las bacterias dañinas entran en su sistema, sus efectos degradantes se manifiestan primero en su cuerpo energético antes de afectar a su cuerpo físico. Estos efectos se denominan enfermedades espirituales, y deben eliminarse antes de que pueda curarse físicamente. Eso es exactamente lo que la depuración es capaz de hacer.

El proceso de limpieza puede detectar la causa espiritual de sus problemas físicos y arrancarla de su sistema antes de que cause que su salud se deteriore aún más. Las energías negativas presentes en su cuerpo energético son eliminadas, dejándolo listo y abierto para ser llenado con una ráfaga de energía positiva, sanando todas sus enfermedades espirituales. En resumen, la purificación purifica el espíritu, limpia la energía y cura el alma. Puede curar enfermedades eliminando la causa que las origina. Estas causas incluyen:

- **Espíritus ancestrales**

    ¿Ha hecho infeliz recientemente a alguno de sus antepasados? ¿Ha hecho algo que ellos no habrían aprobado? Entonces es posible que le hayan maldecido con una enfermedad física que usted padece actualmente. Los sahumerios limpian la energía negativa de sus espíritus ancestrales, devolviendo la felicidad a sus almas y curándole a usted de la enfermedad.

- **Espíritus del hogar**

    ¿No ha seguido las enseñanzas de su espíritu doméstico? Sus acciones pueden haber enfurecido a esa deidad que, a su vez, puede haber provocado alguna desgracia en su cuerpo energético. El sahumerio puede eliminar esa ira espiritual, limpiando y sanando su cuerpo energético.

- **Espíritus dañinos/malignos**

    Existe la posibilidad de que ciertos espíritus dañinos le estén rondando a usted o a su espacio, afectando negativamente a su espíritu. La purificación puede remover la maldad de los espíritus o eliminarlos por completo. De cualquier manera, su salud espiritual mejorará inmensamente.

- **Pérdida del Alma**

    Esta es probablemente la peor enfermedad espiritual que puede experimentar. Implica lo que afirma; la pérdida de su alma. ¿Ha experimentado alguna pérdida en la vida real? ¿Quizá ha fallecido un ser querido, o ha sido víctima de una agresión o un accidente? Se cree que cada pérdida en la vida real rompe el alma en fragmentos, lo que finalmente conduce a la pérdida total del alma (que provoca enfermedades mortales e incurables). El sahumerio cura el alma, repara cada fragmento y la recompone.

Como puede ver, su salud espiritual afecta directamente a su bienestar físico. Cuanto más puro sea su cuerpo energético, mejor será su estado físico. ¡Y el proceso de limpieza cura ambos cuerpos!

Sanación de trastornos emocionales

Este es el impacto más importante y altamente efectivo de la limpieza. Como ya sabrá, la limpieza se centra en eliminar la energía negativa de un espacio o de una persona. Y la mayoría de las veces, esa energía negativa se crea debido a sus emociones negativas. Por lo tanto, se puede concluir con seguridad que el sahumerio cura los trastornos emocionales de un espacio o una persona. De hecho, la armonía emocional es el resultado más visible e inmediato del proceso de limpieza.

- **Ansiedad**

    Al igual que la curación de los trastornos emocionales es similar a todos los demás tipos de curación física, la curación de la ansiedad es similar a la curación de todos los demás tipos de trastornos emocionales. En cuanto complete cualquiera de las técnicas de limpieza, lo primero que notará en usted será la ausencia absoluta de ansiedad. Será reemplazada por una serenidad tan profunda que todos sus otros problemas parecerán desvanecerse en el aire (los problemas pueden seguir ahí, solo que no se sentirá ansioso por ellos).

- **Estrés**

    A primera vista, el estrés puede parecer lo mismo que la ansiedad. Al fin y al cabo, uno se siente ansioso cuando está estresado, y viceversa. Pero son respuestas a situaciones totalmente distintas. La ansiedad es más un miedo a cosas que aún no han sucedido, mientras que el estrés es la presión que siente por cosas que está experimentando actualmente. Se puede decir que el estrés es una forma más leve de ansiedad, pero puede abrumarle y aplastarle si se siente en exceso.

Los vapores relajantes que le rodean después de sahumar ayudan a reducir ese estrés, y la energía negativa expulsada borra la presión restante de su mente. Empezará a pensar con más claridad y a gestionar su trabajo y su vida personal con más eficacia.

- **Depresión**

Es una de las emociones negativas más mortíferas. Puede ser mortal si no se controla (y desemboca en una depresión clínica). A diferencia de la ansiedad o el estrés, en los que sabe que hay factores externos que le afectan negativamente, la depresión se arrastra en completo secreto y, en este caso, usted es quien está destruyendo su estado emocional (no hay factores externos de ningún tipo).

Cuando está deprimido, la energía negativa casi siempre está dentro de usted, no en el espacio que le rodea ni en otras personas. El sahumerio puede ayudarle a expulsar esa energía de su interior, expulsando incluso esas emociones negativas que le deprimen.

- **Ira**

En una mente perturbada, la ira es la emoción que se siente con más frecuencia. Cuando está nervioso o estresado, a menudo siente ira. Es entonces cuando la presencia calmante de las técnicas de purificación brilla mejor. El humo reconfortante que recorre la habitación penetra en su cuerpo energético y expulsa las emociones negativas que provocan la ira, creando una sensación de paz en su alma. Puede que al final del proceso recuerde por qué estaba enfadado, pero la situación no le permitirá sentir esa ira.

- **Odio**

Es posible que sienta un odio absoluto e irrefrenable hacia una persona o una situación, tan ardiente y absorbente, que no sienta amor por nadie ni por nada. Este tipo de odio profundo e intenso puede eliminarse con la purificación. Al final del ritual, el estado de unidad que alcance le ayudará a perdonar y olvidar el odio hacia esa persona o lugar, sustituyéndolo por apatía o amor.

Otras emociones negativas, como la culpa, la frustración, los celos, el aburrimiento, etc., también se pueden curar mediante sahumerios. Una vez completados los rituales, alcanzará un equilibrio emocional con emociones positivas y negativas a partes iguales, dando lugar a un estado de calma absoluta. Y si observa detenidamente la curación de las emociones a través del sahumerio, se dará cuenta de que su salud emocional depende de la fortaleza de su espíritu, que a su vez depende de su bienestar físico (y viceversa). ¡Todo está interconectado!

Cómo sanar con sahumerios

Los procesos, las técnicas y los rituales de la limpieza con sahumerios siguen siendo los mismos, como se detalla en las secciones anteriores del libro. Lo único que cambia es su *enfoque*. Hasta ahora, se ha centrado en los aspectos generales de la limpieza, como creer que la energía negativa de un espacio o de su interior se va. Esta vez, deberá concentrarse en una forma de energía negativa durante el proceso de limpieza.

Imagine que desea deshacerse de su ira. Mientras comienza el ritual y quema la hierba, concéntrese en expulsar la ira de su organismo. Concéntrese en los chakras relacionados con la ira (el que está cerca de la base de la columna vertebral y el que está justo encima del ombligo) y crea que se están purificando. Así es como su ira acabará por apaciguarse y convertirse en una sensación de serenidad.

En su cuerpo astral/energético, los chakras asociados con las emociones y las enfermedades son:

1. **Chakra raíz**

    Enfermedades: Artritis, problemas de colon, estreñimiento.

    Emociones negativas: Ira, inestabilidad, miedo, frustración.

2. **Chakra sacro**

    Enfermedades: Falta de deseo sexual, problemas del tracto urinario, problemas lumbares.

Emociones negativas: Irritabilidad, letargo, tendencias manipuladoras.

3. Chakra del plexo solar

Enfermedades: Indigestión, diabetes, problemas hepáticos.

Emociones negativas: Baja autoestima, depresión, rabia.

4. Chakra del corazón

Enfermedades: Problemas cardíacos, inestabilidad de peso, asma.

Emociones negativas: Celos, pavor, ansiedad.

5. Chakra de la garganta

Enfermedades: Problemas de tiroides, anomalías dentales, problemas respiratorios.

Emociones negativas: Incapacidad para expresar sus pensamientos, introvertido.

6. Chakra del tercer ojo

Enfermedades: Dolores de cabeza, migrañas, problemas de audición, ceguera.

Emociones negativas: Miedo al éxito, egoísmo.

7. Chakra de la corona

Enfermedades: Enfermedades mentales, desequilibrios del sistema nervioso.

Emociones negativas: Frustración, escepticismo, tendencias suicidas.

Para poder concentrarse en los chakras, hay que estar en armonía con el cuerpo energético. Cada chakra debe ser claramente visible en el ojo de su mente; de lo contrario, esta técnica no siempre funcionará. Dicho esto, centrarse en la purificación de los chakras, es solo uno de los muchos métodos de sanación que se pueden aplicar con la técnica del sahumerio.

- **Meditación**

    Meditar significa literalmente concentrarse en algo durante un tiempo determinado. Tendrá que despejar su mente de todos sus pensamientos, excepto uno. Para propósitos de sanación, ese pensamiento debe ser parte de su cuerpo, el tipo de espíritu, o el tipo de emoción que está tratando de sanar con el sahumerio.

Otra parte importante de la meditación es la respiración. Debe ser lenta y rítmica. Inspire, aguante unos segundos, espire, aguante de nuevo y repita el proceso. Un punto a tener en cuenta: Debe tener experiencia en la limpieza para curarse utilizando técnicas de meditación. Esto se debe a que no debe estar pensando en el ritual en sí para que la meditación tenga éxito. Los actos del ritual deben ser espontáneos, instintivos, y solo un pensamiento de curación debe gobernar su estado mental.

- **Visualización**

  Es casi lo mismo que la meditación. Con la visualización, necesita crear una imagen de la parte de su cuerpo, espíritu o emoción que desea sanar. Pensar en ello es una cosa, pero aquí tiene que creer que esa parte está realmente delante de usted. Puede verla con los ojos de su mente, alcanzarla y sentirla. Deje que este sentimiento envuelva su alma hasta que no vea nada más que la parte a sanar. El proceso de limpieza se encargará del resto.

  Considere que desea curar su diabetes. Comience el ritual y visualice la diabetes en su cuerpo. Convoque una imagen del interior de su cuerpo físico. Imagine la sangre fluyendo por sus venas, roja como una remolacha al sol. Ahora visualice la glucosa como pequeños puntos amarillos esparcidos por el torrente sanguíneo, como manchas de hierba en un campo fresco. Por último, dese cuenta de que los puntos van disminuyendo, abandonando su torrente sanguíneo.

  Repita este proceso durante cada uno de sus rituales de purificación.

- **Oración**

  Se dice que las palabras son tan poderosas como las imágenes, y a veces pueden conmover más que una imagen. Y la oración puede hacer maravillas cuando se utiliza la limpieza para sanar. No importa si se trata de una oración larga y compleja sugerida por un chamán de confianza o de una combinación breve y sencilla de palabras creadas por usted mismo. Lo que importa aquí es su comprensión de esa oración y su creencia en las palabras pronunciadas. Cuanto más fuerte sea su fe, más eficaz será el ritual.

Supongamos que desea curar el sufrimiento de sus espíritus ancestrales. Supongamos que les ha perjudicado llevando su empresa familiar en una dirección que no les gusta. En su oración, comience con una disculpa seguida de una explicación y termine con una petición de perdón. Podría ser algo así:

"Oh espíritus ancestrales (nómbrelos si quieres), siento mis acciones, pero era la mejor solución para encontrar el éxito en estos tiempos difíciles. Perdónenme si pueden".

Siéntase libre de ser más creativo o incluso de hacer poesía con ello. Mientras crea en las palabras y se concentre en llevarlas a buen puerto, ¡puede incluso cantarlas en voz alta! Para sanar, lo único que importa es su concentración.

La ciencia detrás de la curación con el sahumerio

Ha oído bien. El sahumerio está respaldado por la ciencia. La ciencia más fundamental que respalda el ritual es que el humo generado por el sahumerio repele las bacterias nocivas del entorno. Los estudios han demostrado que se elimina más del 90% de las bacterias. Además, el humo se absorbe fácilmente en el organismo, revitalizando el cerebro y las funciones corporales. A diferencia del humo del tabaco, que tiene un efecto letárgico, el humo medicinal de la salvia, el cedro o cualquier otra hierba le da vitalidad y energía, y le prepara para enfrentarse al mundo. La ciencia que lo explica es la presencia de iones negativos en el humo.

No se preocupe. Los iones negativos no son negativos en el sentido filosófico. Cuando su cuerpo contiene energía negativa, se llena de iones positivos (que son emocionalmente dañinos). Los iones negativos liberados por el humo del sahumerio son absorbidos por el cuerpo, anulando el efecto de los iones positivos y abriendo una puerta para que entre la energía positiva.

Sahumerios para sanar y mejorar la salud holística

La salud holística implica su salud general, incluyendo sus aspectos físicos, emocionales, espirituales, intelectuales y sociales. Hasta ahora, ha aprendido cómo la limpieza puede curar su ser físico, emocional y espiritual. ¿Sabía que también puede rejuvenecer la parte intelectual y social de su vida?

Cuando la energía negativa se elimina de usted y de su espacio, su mente se limpia. Esta limpieza le permitirá analizar las cosas objetivamente y aumentar su capacidad de razonamiento. ¡Y eso es exactamente un alto nivel de intelecto! Con esta renovada claridad de conocimientos, podrá llenar su mente limpia de energía positiva.

Como habrá podido suponer, su salud social depende del tipo de relación que haya desarrollado con las personas que le rodean. Su salud social es buena si está llena de amor y felicidad. Pero su salud social necesita mejoras importantes si está plagada de disputas y hostilidad. La limpieza puede sanar su vida social eliminando la energía y las emociones negativas de su entorno, de usted mismo y del entorno y las almas de sus conocidos, amigos y familiares.

En esencia, el sahumerio puede sanar su salud holística para mejorar su bienestar general. Puede incorporarlo fácilmente a su rutina diaria de bienestar. Cualquier momento del día o de la noche es perfecto para llevar a cabo el ritual. Lo único que importa es su voluntad de desprenderse de la energía negativa y su entusiasmo por atraer la positividad a su vida.

Conclusión

Imagínese lo siguiente: Después de un día largo y agotador, entra en su casa, enciende un poco de salvia y deja que el humo fragante flote en el aire. Es como un soplo de aire fresco, que se lleva todo el estrés y las vibraciones negativas que le rodean. De repente, su espacio se siente más ligero, tranquilo y acogedor. Es como si el sahumerio le diera un botón de reinicio, permitiéndole dejar atrás el caos y encontrar una sensación de paz en su entorno. Pero la limpieza va más allá de crear un ambiente acogedor. También puede servir de guía en momentos de cambio y transición. El sahumerio puede ser su fiel compañero, ya sea al mudarse a un nuevo hogar, al empezar un nuevo trabajo o al atravesar un cambio importante en su vida. Es como tener un amigo de confianza que le ayuda a dejar atrás el pasado y abrazar las posibilidades del futuro. Con cada remolino de humo sagrado, se crea una pizarra limpia, invitando a la energía positiva y a nuevos comienzos en su vida.

Y no nos olvidemos del lado espiritual de la limpieza. Es como si tuviera una línea directa con su ser interior y con el universo. Cuando usted se limpia antes de la meditación, la oración o cualquier práctica de búsqueda del alma, está preparando el terreno para una conexión profunda y el autodescubrimiento. Los suaves hilos de humo tienden un puente entre lo físico y lo espiritual, ayudándole a encontrar una sensación de armonía y unidad en su interior. ¿Y lo mejor? El sahumerio no es solo para espacios y rituales. Se adapta a diversas situaciones. Puede utilizarlo para limpiar y revitalizar sus objetos más preciados, como sus cristales favoritos o sus joyas sentimentales, dándoles un tratamiento de spa rejuvenecedor, eliminando cualquier energía negativa persistente y recargándolos de positividad. ¿Y por qué no limpiarse usted también? Sentirá como si tuviera una mini-rutina de autocuidado para su campo energético, que le permitirá deshacerse de cualquier pesadez y abrazar una vitalidad renovada.

Así que, al cerrar este libro y terminar su exploración de las prácticas de limpieza, recuerde esto. No se trata de una práctica puntual, sino de una forma de vida. Se trata de integrar la limpieza en su rutina diaria, como esa taza de té que le reconforta y le da calor cada mañana. Al abrazar el poder transformador de la limpieza, invita a la armonía, la paz y la energía positiva a su vida. Así que adelante, empiece a limpiar y vea cómo se despliega la magia.

Vea más libros escritos por Mari Silva

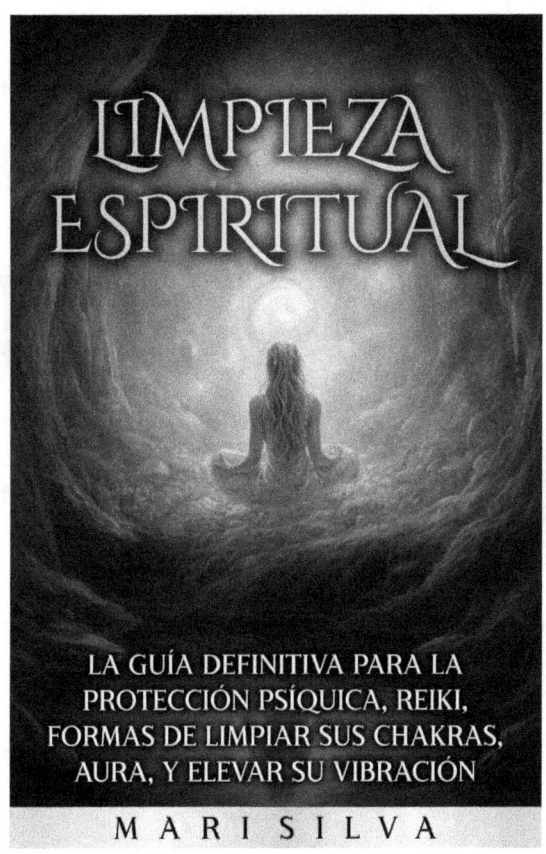

Su regalo gratuito

¡Gracias por descargar este libro! Si desea aprender más acerca de varios temas de espiritualidad, entonces únase a la comunidad de Mari Silva y obtenga el MP3 de meditación guiada para despertar su tercer ojo. Este MP3 de meditación guiada está diseñado para abrir y fortalecer el tercer ojo para que pueda experimentar un estado superior de conciencia.

https://livetolearn.lpages.co/mari-silva-third-eye-meditation-mp3-spanish/

¡O escanee el código QR!

Referencias

(N.d.). A-z-animals.com. https://a-z-animals.com/blog/jaguar-spirit-animal-symbolism-meaning/#:~:text=The%20jaguar%20is%20a%20symbol,intuition%2C%20confidence%2C%20and%20decisiveness

8 Reasons You Should Try Smudging & How To Do It At Home. (2017, May 8). Natural Living Ideas. https://www.naturallivingideas.com/smudging/

About sacred herbs & smudging ceremonies. (n.d.). Taosherb.com. https://www.taosherb.com/store/sacred-herbs.html

Acevedo, A. (2022, May 12). What is energy (as it relates to the law of attraction)? We explain. YouAlignedTM. https://youaligned.com/wellness/what-is-energy/

Amethyst – metaphysical healing properties. (n.d.). CRYSTALS & HOLISTIC HEALING. https://www.healingwithcrystals.net.au/amethyst.html

Amethyst meaning: Everything you NEED to know – healing properties & everyday uses. (n.d.). Tiny Rituals. https://tinyrituals.co/blogs/tiny-rituals/amethyst-meaning-healing-properties-and-everyday-uses

Askinosie, H. (2016, February 5). 8 ways to use crystals in your everyday routine. Mindbodygreen. https://www.mindbodygreen.com/articles/how-to-use-crystals-everyday

Ausler, N. (2022, December 4). 10 signs you're under A psychic attack & someone is sending you bad energy. YourTango. https://www.yourtango.com/self/signs-psychic-attack

Bauer, S. (2020, December 15). 10 of the incredible benefits of Palo Santo. Palo Santo Supply Company Ltd. https://palosantosupply.co/blogs/palo-santo/5-of-the-incredible-benefits-of-palo-santo

Beaulieu, C. (2022, August 13). 9 effective ways to protect yourself from psychic attacks. The Friendly Specter. https://www.friendlyspecter.com/9-effective-ways-to-protect-yourself-from-psychic-attacks/

Behind the meaning. (n.d.). Daisy London. https://www.daisyjewellery.com/blogs/our-world/behind-the-meaning-the-crown-chakra

Biancuzzo, M. (2022, April 5). 5 easy tips to help if you have trouble visualizing. Marie Biancuzzo, RN MS CCL IBCLC; MarieBiancuzzo.com. https://mariebiancuzzo.com/2022/04/05/5-easy-tips-to-help-if-you-have-trouble-visualizing/

Bihl, E. (2019, January 7). How to Smudge the Right Way (and Why You Should Do It). Brit + Co. https://www.brit.co/sage-smudging-tips/

Black Tourmaline Meaning: Healing properties & everyday uses. (n.d.). Tiny Rituals. https://tinyrituals.co/blogs/tiny-rituals/black-tourmaline-meaning-healing-properties-and-everyday-uses

Black Tourmaline. (2009). In Dictionary of Gems and Gemology (pp. 93–93). Springer Berlin Heidelberg.

Black Tourmaline: Meaning, healing properties, and powers. (n.d.). Mycrystals.com. https://www.mycrystals.com/meaning/black-tourmaline-meaning-healing-properties-and-powers

Bobb, B. (2022, August 10). Does burning sage really help you energetically cleanse your space? Vogue India. https://www.vogue.in/beauty/content/does-burning-sage-really-help-you-energetically-cleanse-your-space

Bolt, L. (2021, August 13). What is a spirit guide? Spirit guide meaning & more. Yahoo Life. https://www.yahoo.com/lifestyle/spirit-guide-spirit-guide-meaning-031900227.html

Bradford, D. (2023, January 1). How To Smudge Your House With Sage. Angels and Sages. https://angelsandsages.com/blogs/news/how-to-smudge-your-house-with-sage

Caron, A. (2021, September 23). Learn how to smudge. Seven Generations Education Institute. https://www.7generations.org/learn-how-to-smudge/

Chinnaiyan, K. (2017, February 23). 3 causes of self-doubt and how to conquer it for good. Tiny Buddha. https://tinybuddha.com/blog/3-causes-self-doubt-conquer-good/

Cho, A. (2012, July 7). Clear quartz meaning, healing properties, & uses. The Spruce. https://www.thespruce.com/what-is-a-clear-quartz-crystal-1274383

Cho, A. (n.d.). How to Smudge Your House to Invite Positive Energy. The Spruce. https://www.thespruce.com/how-to-smudge-your-house-1274692

Citrine - metaphysical healing properties. (n.d.). CRYSTALS & HOLISTIC HEALING. https://www.healingwithcrystals.net.au/citrine.html

Citrine meaning: Healing properties & everyday uses. (n.d.). Tiny Rituals. https://tinyrituals.co/blogs/tiny-rituals/citrine-meaning-healing-properties

Clear Quartz Meaning: Healing Properties & Uses. (n.d.). Tiny Rituals. https://tinyrituals.co/blogs/tiny-rituals/clear-quartz-meaning-healing-properties-uses

Coach, C. H. T. (1516444334000). Smudging – The science behind it. Linkedin.com. https://www.linkedin.com/pulse/smudging-science-behind-charmaine-howard

Dellner, A. (2018, April 26). What is energy work (and should I try it)? PureWow. https://www.purewow.com/wellness/energy-work

Detchon, A. (1528710839000). The importance of grounding and protecting your energy. Linkedin.com. https://www.linkedin.com/pulse/importance-grounding-protecting-your-energy-andrea-detchon-bsc-/

Dignity health. (n.d.). Dignity-Health. https://www.dignityhealth.org/articles/what-is-holistic-health-care-anyway

Dimensions of wellness. (n.d.). Rwu.edu. https://www.rwu.edu/undergraduate/student-life/health-and-counseling/health-education-program/dimensions-wellness

Energetic Harmony, let all your energy flow the right way. (n.d.). Attunements. https://www.attunements.info/product/energetic-harmony/

Ferraro, K. (2022, December 31). 10 Easy Ways To Cleanse Your Home of Negative Energy. Mindbodygreen. https://www.mindbodygreen.com/articles/how-to-cleanse-your-home-of-negative-energy

Five steps to deepen your relationship with your spirit guide. (n.d.). Kripalu. https://kripalu.org/resources/five-steps-deepen-your-relationship-your-spirit-guide

Frankincense incense benefits: 12 crucial things to know. (n.d.). Tiny Rituals. https://tinyrituals.co/blogs/tiny-rituals/frankincense-incense-benefits

Gemstone information – quartz Crystal Meaning and properties – fire mountain gems and beads. (n.d.). Firemountaingems.com. https://www.firemountaingems.com/resources/encyclobeadia/gem-notes/gmstnprprtsrckc

Graham, M. (2020, May 21). Benefits of Smudging with Sage (5 Scientific Reasons to SMUDGE with Sage!). Tribal Trade. https://tribaltradeco.com/blogs/smudging/benefits-of-smudging-with-sage-5-scientific-reasons-to-smudge-with-sage

Hannah, R. (1422379428000). What is A psychic attack? Linkedin.com. https://www.linkedin.com/pulse/what-psychic-attack-raven-hannah/

How crystals can help you stay connected to your intentions. (2016, March 31). Mindbodygreen. https://www.mindbodygreen.com/articles/intention-setting-with-gemstones-crystals

How to Choose which Crystal is right for you ? (n.d.). Wands of Lust Co. https://www.wandsoflust.com.au/blogs/news/how-to-choose-which-crystal-is-right-for-you

How to know if your crystals need charging + 9 potent methods. (2021, June 15). Mindbodygreen. https://www.mindbodygreen.com/articles/how-to-charge-crystals

How to make a DIY sage smudge stick. (n.d.). Rise Gardens. https://risegardens.com/blogs/communitygarden/how-to-make-a-diy-sage-smudge-stick

Hurst, M. (2023, April 25). "Sound cleansing" – the easiest, most calming way to show negative energy the door. Homesandgardens.Com; Homes & Gardens. https://www.homesandgardens.com/life-design/sound-cleansing

Ibe, O. (2022, March 31). Earthing–A technique to help ground your body. Verywell Mind. https://www.verywellmind.com/what-is-earthing-5220089

Jain, R. (2020, October 8). Crown Chakra: Discover the divine energy of Sahasrara chakra. Arhanta Yoga Ashrams. https://www.arhantayoga.org/blog/crown-chakra-divine-energy-of-sahasrara-chakra/

Jay, S. (2022, August 3). 6 Cleansing Rituals For You & Your Home. Revoloon. https://revoloon.com/shanijay/cleansing-ritual

Jones, L. (2023, January 28). 35 grounding techniques for upsetting thoughts. Claritytherapynyc.com. https://www.claritytherapynyc.com/35-grounding-techniques-for-upsetting-thoughts/

Joseph, B. (2017, February 16). A Definition of Smudging. Ictinc.Ca. https://www.ictinc.ca/blog/a-definition-of-smudging

Julie. (2022a, February 5). Black Tourmaline meaning. Moonrise Crystals. https://moonrisecrystals.com/black-tourmaline-meaning/

Julie. (2022b, February 5). Selenite meaning. Moonrise Crystals. https://moonrisecrystals.com/selenite-meaning/

Julie. (2022c, February 6). Rose Quartz meaning. Moonrise Crystals. https://moonrisecrystals.com/rose-quartz-meaning/

Kyla. (2022, July 19). Aura Cleansing Spray – DIY Sage Spray for Spiritual Cleansing + Protection. A Life Adjacent. https://alifeadjacent.com/aura-cleansing-spray/

Lagman, R. (2021, July 13). Smudge prayer examples – part II: What to say when you're smudging to get rid of spiritual energy. Tribal Trade.

https://tribaltradeco.com/blogs/teachings/smudge-prayer-examples-part-ii-what-to-say-when-you-re-smudging-to-get-rid-of-spiritual-energy

Lashi, B. (n.d.). Life Organic Blog [Organic Beauty/Minimalism/Wellness]. Embodyzen.Com. https://www.embodyzen.com/blog/8-step-smoke-bathing-ritual

Lim, E. (2021, November 6). How to create a personal energy shield for protection via visualisation. ILLUMINATION. https://medium.com/illumination/how-to-create-a-personal-energy-shield-for-protection-via-visualisation-23c8af69be56

Loewe, E. (2021, June 24). *5 Spiritual Smudge Sprays That Are Sustainable Or Indigenous-Made*. Mindbodygreen. https://www.mindbodygreen.com/articles/smudge-sprays-what-they-are-4-to-start-with

M., X. (2020, April 2). Smudging for Healing. Villagerockshop.com. https://www.villagerockshop.com/blog/smudging-for-healing/

Maclean, L. (2021, March 22). *7 signs you're under psychic attack & how to stop it (2023)*. Mysticmag.com; MysticMag. https://www.mysticmag.com/psychic-reading/3-signs-youre-under-psychic-attack/

Majsiak, B., Young, C., & Laube, J. (n.d.). A beginner's guide to breath work practices. Everydayhealth.com. https://www.everydayhealth.com/alternative-health/living-with/ways-practice-breath-focused-meditation/

Marci. (n.d.). Smudge Prayer to Invoke the Four Directions. Marci Cagen. https://marcicagen.com/smudge-prayer-to-invoke-the-four-directions/

McKnight, J. (2020, December 5). 3 effective empath shielding meditations. Planet Meditate. https://planetmeditate.com/empath-shielding-meditation/

McQuerry, L. (n.d.). Make your own Smudge Stick. Moon Magic Co.

Morning, J. (2021, November 15). What is grounding, and how can it help me? Spunout. https://spunout.ie/mental-health/self-care/what-is-grounding

Natural essential oil pure blend smudging sage - island essentials: Natural body & hair care products. (2021, July 12). Island Essentials: Natural Body & Hair Care Products - Natural Body & Hair Care; Island Essentials. https://islandessentials.ca/shop/island-essentials/essential-oils-carrier-oils/essential-oils/essential-oil-blends/natural-essential-oil-pure-blend-smudging-sage/

Nesci, N. (2020, March 4). *5 things everyone needs to know about energy healing*. The Growth & Wellness Therapy Centre. https://www.growthwellnesstherapy.com/our-blog/5-things-everyone-needs-to-know-about-energy-healing

No title. (n.d.). Pranaworld.net. https://pranaworld.net/what-is-the-energy-body/

O'Connor, B. (2015, November 23). 7 sacred resins to burn for clearing negative.... Spirituality+Health. https://www.spiritualityhealth.com/blogs/your-creative-spirit/2015/11/23/bess-oconnor-7-sacred-resins-burn-clearing-negative-energy

Obsidian – metaphysical healing properties. (n.d.). CRYSTALS & HOLISTIC HEALING. https://www.healingwithcrystals.net.au/obsidian.html

Obsidian meaning. (n.d.). Anahana.com. https://www.anahana.com/en/lifestyle/crystals/obsidian-meaning

Obsidian meaning: Healing properties & everyday uses. (n.d.). Tiny Rituals. https://tinyrituals.co/blogs/tiny-rituals/obsidian-meaning-healing-properties-everyday-uses

Ohren, K. (2021a, August 8). Citrine healing properties, meanings, and uses. Crystal Vaults. https://www.crystalvaults.com/crystal-encyclopedia/citrine/

Ohren, K. (2021b, August 11). Black Tourmaline healing properties, meanings, and uses. Crystal Vaults. https://www.crystalvaults.com/crystal-encyclopedia/black-tourmaline/

Page, K., & Jane, P. (2017, December 9). 30 sacred herbs for smudging and cleansing purposes. Ilmylunajane. https://www.ilmylunajane.com/single-post/2017/12/09/30-sacred-herbs-for-smudging-and-cleansing-purposes

Pollard, S. (2020, October 13). Make your own smudge sticks to banish bad energy. Hello Nest. https://hellonest.co/diy-smudge-sticks/

Pollard, S. (2022, January 12). How to make your own Rosemary sage Smudge Sticks. Hello Glow. https://helloglow.co/how-to-make-your-own-rosemary-sage-smudge-sticks/

Proctor, B. (2022, April 11). The law of attraction vs. The law of vibration. Proctor Gallagher Institute. https://www.proctorgallagherinstitute.com/47878/the-law-of-attraction-vs-the-law-of-vibration

Regan, S. (2022, April 26). How To Make Your Bath A Spiritual Experience: 16 Tips & Techniques. Mindbodygreen. https://www.mindbodygreen.com/articles/spiritual-bath

Regan, S. (2023, May 10). How Sound Baths Are Revolutionizing Healing + How To Try One For Yourself. Mindbodygreen. https://www.mindbodygreen.com/articles/sound-bath

Rekstis, E. (2022, November 15). Healing Crystals 101: Everything you need to know.

Ress, J. (2019, March 29). How To Use the Healing Powers of Quartz Crystals. SpaGoddess Apothecary. https://spagoddess.com/blogs/spagoddess-wellness-blog/clear-quartz-crystals

Richards, D. (2000). Rose Quartz. Daphne Richards.

Robby. (2021, February 27). The Benefits of Smudging: Why It's an Ancient Tradition. Dr. Lam Coaching – World Renowned Authority on Adrenal Fatigue Recovery. https://www.drlamcoaching.com/blog/benefits-of-smudging/

Rooted Revival. (2023, April 10). 9 sensational cedar smudge stick benefits. Rooted Revival. https://rootedrevival.com/cedar-smudge-stick-benefits/

Rooted Revival. (2023, June 9). 12 fantastic lavender smudge stick benefits. Rooted Revival. https://rootedrevival.com/lavender-smudge-stick-benefits/

Rose Quartz Meaning: Healing properties and everyday uses. (n.d.). Tiny Rituals. https://tinyrituals.co/blogs/tiny-rituals/rose-quartz-meaning-healing-properties-and-everyday-uses

Rose quartz: Meaning, healing properties and powers. (n.d.). Mycrystals.com. https://www.mycrystals.com/meaning/rose-quartz-meaning-and-healing-properties

Ryan, K. (2019, April 29). Supercharge: What you need to know about cleansing crystals. Wanderlust. https://wanderlust.com/journal/supercharge-what-you-need-to-know-about-cleansing-crystals/

Sake, F. P. (2017, September 12). Thirteen Quick Ways to Cleanse Energy. For Puck's Sake. https://www.patheos.com/blogs/matauryn/2017/09/12/thirteen-quick-energy-cleanse/

Salt Water Bath: A Cleansing, Healing, And Nourishing Ritual For Your Mind And Body. (n.d.). Linkedin.Com. https://www.linkedin.com/pulse/salt-water-bath-cleansing-healing-nourishing-ritual-your-mind-/

Salzberg, S. (2022, November 14). How to meditate. Mindful; Mindful Communications & Such PBC. https://www.mindful.org/how-to-meditate/

Selenite meaning: Healing Properties & everyday uses. (n.d.). Tiny Rituals. https://tinyrituals.co/blogs/tiny-rituals/selenite-meaning-healing-properties-everyday-uses

Short, E. (2021, November 10). 7 signs of negative energy in a person. Mål Paper. https://malpaper.com/blogs/news/7-signs-of-negative-energy-in-a-person

Signs of negative energy. (n.d.). WebMD. https://www.webmd.com/balance/signs-negative-energy

Son, N. T. (2023, March 14). 20 how many crystals are there? Advanced Guide 07/2023. Soccercentralph. https://thcsnguyenthanhson.edu.vn/20-how-many-crystals-are-there-advanced-guide/

Spiritual illnesses. (n.d.). Stanford.edu. https://geriatrics.stanford.edu/ethnomed/hmong/fund/spiritual_illnesses.html

Stelter, G. (2016, October 4). Chakras: A beginner's guide to the 7 chakras. Healthline. https://www.healthline.com/health/fitness-exercise/7-chakras

StMU. (2021, September 27). Sweet Grass. StMU; St. Mary's University. https://stmu.ca/sweet-grass/

The College of Psychic Studies : Enlighten : What is a psychic attack. (n.d.). The College of Psychic Studies. https://www.collegeofpsychicstudies.co.uk/enlighten/what-is-a-psychic-attack/

The complete guide to smudging. (n.d.). JL Local. https://jllocal.com/blogs/articles/2

The Sacred Art of Smudging. (n.d.). Kripalu. https://kripalu.org/resources/sacred-art-smudging

Theodora Blanchfield, A. (2022, January 31). How to meditate with crystals. Verywell Mind. https://www.verywellmind.com/how-to-meditate-with-crystals-5214020

TIMESOFINDIA.COM. (2020, September 12). How to identify negative energies at your home and remove them. Times Of India. https://timesofindia.indiatimes.com/life-style/home-garden/how-to-identify-negative-energies-at-your-home-and-remove-them/articleshow/78075353.cms

UPLIFT. (2017, August 8). The science behind smudging. UPLIFT. https://uplift.love/the-science-behind-smudging/

Ward, K. (2021, December 14). How to program a crystal with your intention, because yes, you should be doing that. Yahoo Sports. https://sports.yahoo.com/program-crystal-intention-because-yes-173400639.html

What Is Shamanic Smudging? (n.d.). Incensewarehouse.Com. https://www.incensewarehouse.com/What-Is-Shamanic-Smudging_ep_30-1.html

White, A. (2018, July 18). 10 benefits of burning sage, how to get started, and more. Healthline. https://www.healthline.com/health/benefits-of-burning-sage

Williams, R. (2018, July 17). Enhance your meditation practice with crystals. Chopra. https://chopra.com/articles/enhance-your-meditation-practice-with-crystals

Willis, K. K. (2016, January 18). Grief and rage: The connection between 4th and 1st chakras. Lucid Body | Acting Classes and Coaching for the Physical Actor. https://lucidbody.com/blog/grief-and-rage-the-connection-between-4th-and-1st-chakras/

Fuentes de imágenes

[1] https://unsplash.com/photos/0-c1F9uukx8
[2] https://www.pexels.com/photo/man-falling-carton-boxes-with-negative-words-7203956/
[3] https://unsplash.com/photos/WzrOg4YzJ5w
[4] https://unsplash.com/photos/r3_ZiorB_Ik
[5] https://unsplash.com/photos/zVsQmJEd_DA
[6] https://unsplash.com/photos/Tinbs_bjKxA
[7] https://unsplash.com/photos/78EiTnCtn5U
[8] https://unsplash.com/photos/96zlc1Bt51w
[9] https://unsplash.com/photos/x5hyhMBjR3M
[10] https://unsplash.com/photos/Hn4wYHOaeIc
[11] https://unsplash.com/photos/pIY5yM0bmMQ
[12] https://unsplash.com/photos/k65_6C4hu2E
[13] *Marie-Lan Taÿ Pamart, CC BY 4.0 <https://creativecommons.org/licenses/by/4.0>, a través de Wikimedia Commons* https://commons.wikimedia.org/wiki/File:Amethyst_Siberia_MNHN_Min%C3%A9ralogie.jpg
[14] *Jan Helebrant, CC BY-SA 2.0 <https://creativecommons.org/licenses/by-sa/2.0>, a través de Wikimedia Commons* https://commons.wikimedia.org/wiki/File:Schorl_black_tourmaline_-_NaFe2%2B3Al6(BO3)3Si6O18(OH)4_(28838960018).jpg
[15] https://unsplash.com/photos/vxf-uurQ5rY
[16] *Bergminer, CC BY-SA 4.0 <https://creativecommons.org/licenses/by-sa/4.0>, a través de Wikimedia Commons* https://commons.wikimedia.org/wiki/File:Rose_quartz_Spain.jpg

[17] *Rama, CC BY-SA 3.0 FR <https://creativecommons.org/licenses/by-sa/3.0/fr/deed.en>, a través de Wikimedia Commons* https://commons.wikimedia.org/wiki/File:Citrine_quartz-AMGL_79477-P5030194-black.jpg

[18] *B. Domangue, CC BY-SA 4.0 <https://creativecommons.org/licenses/by-sa/4.0>, a través de Wikimedia Commons* https://commons.wikimedia.org/wiki/File:Obsidian_-_Igneous_Rock.jpg

www.ingramcontent.com/pod-product-compliance
Lightning Source LLC
Chambersburg PA
CBHW051849160426
43209CB00006B/1226